Opgelet!

Opgelet!

Systematisch signaleren in maatschappelijke ondersteuning en eerstelijnszorg

Margot Scholte
Hanneke Felten
Ard Sprinkhuizen

uitgeverij coutinho | c

bussum 2013

Webondersteuning
Bij dit boek hoort een website met de signaleringsformulieren uit bijlage 1 op A4-formaat als pdf-bestand. De URL van deze website is: **www.coutinho.nl/opgelet2**.

© 2007 Uitgeverij Coutinho bv
Alle rechten voorbehouden.
Behoudens de in of krachtens de Auteurswet van 1912 gestelde uitzonderingen mag niets uit deze uitgave worden verveelvoudigd, opgeslagen in een geautomatiseerd gegevensbestand, of openbaar gemaakt, in enige vorm of op enige wijze, hetzij elektronisch, mechanisch, door fotokopieën, opnamen, of op enige andere manier, zonder voorafgaande schriftelijke toestemming van de uitgever.
Voor zover het maken van reprografische verveelvoudigingen uit deze uitgave is toegestaan op grond van artikel 16h Auteurswet 1912 dient men de daarvoor wettelijk verschuldigde vergoedingen te voldoen aan Stichting Reprorecht (Postbus 3051, 2130 KB Hoofddorp, www.reprorecht.nl). Voor het overnemen van (een) gedeelte(n) uit deze uitgave in bloemlezingen, readers en andere compilatiewerken (artikel 16 Auteurswet 1912) kan men zich wenden tot Stichting PRO (Stichting Publicatie- en Reproductierechten Organisatie, Postbus 3060, 2130 KB Hoofddorp, www.stichting-pro.nl).

Eerste druk 2007
Tweede, herziene druk 2013

Uitgeverij Coutinho
Postbus 333
1400 AH Bussum
info@coutinho.nl
www.coutinho.nl

Omslag: Sjef Nix, Amsterdam

Noot van de uitgever
Wij hebben alle moeite gedaan om rechthebbenden van copyright te achterhalen. Personen of instanties die aanspraak maken op bepaalde rechten, wordt vriendelijk verzocht contact op te nemen met de uitgever.

ISBN 978 90 469 0357 5
NUR 752

Voorwoord

Halverwege de jaren negentig ontwikkelden Peter van Splunteren en ik een methode voor signaleren in het maatschappelijk werk. De eerste druk van deze publicatie kwam in 1996 tot stand onder verantwoordelijkheid van het toenmalige Nederlands Instituut voor Zorg en Welzijn. In 2007 is de publicatie opnieuw uitgegeven door Uitgeverij Coutinho. Er is toen volstaan met minimale wijzigingen. Ik deed daarbij de belofte dat we in de nabije toekomst over zouden gaan tot ingrijpender aanpassingen. Hiervoor wilden we de net ingevoerde Wet maatschappelijke ondersteuning (Wmo) en de dynamiek die deze wet teweeg zou gaan brengen in het werkveld even afwachten.

Ondertussen zijn we zes jaar verder. Het is duidelijk geworden dat de Wmo slechts de opmaat vormde voor nog veel ingrijpender stelselherzieningen. Een kleine greep hieruit: de AWBZ versobert, de Jeugdzorg wordt anders ingericht, de participatiewet is ingevoerd enzovoort. De economische crisis die in 2008 inzette en nog niet ten einde is, noopt daarbij tot keuzen met grote gevolgen voor de praktijk. Flinke bezuinigingen op zorg en welzijn laten zich voelen. De toegankelijkheid van voorzieningen voor iedereen is niet meer vanzelfsprekend en het wordt steeds duidelijker dat er groepen mensen zijn die buiten de boot vallen. Bij de zoektocht naar nieuwe en vernieuwde inzet van professionals zie je dat beroepsgroepen in zorg en welzijn naar elkaar toe groeien. Sociaal pedagogisch hulpverleners, maatschappelijk werkers, hbo-pedagogen en cultureel werkers zitten steeds vaker op soortgelijke functies, waarbij 'eropaf', versterken van eigen kracht van individuen en hun sociale netwerk, en verbinden van individuele hulp- en dienstverlening met collectieve arrangementen sleutelbegrippen zijn. Ook is er steeds meer overlap met verwante en aanpalende beroepsgroepen, zoals sociaal raadslieden, verpleegkundig specialisten in de wijk en bij de huisarts, en (vaak) diffuse functies als medewerker Wmo-loket, buurtregisseur en wijkconsulent. Samenwerking is van groot belang, zeker om consciëntieus aan signalering te werken. Om die reden is deze publicatie ook voor deze beroepsgroepen, functionarissen en hun organisaties relevant. En om die reden spreken we in deze publicatie consequent over 'sociaal werkers', waarmee we willen aangeven dat we de oude beroepsindeling enigszins loslaten en ons richten op alle sociale professionals in de domeinen zorg en welzijn.

De hectiek in het huidige tijdsgewricht maakt dat systematisch signaleren van groot belang is, misschien zelfs nog wel meer dan in de voorgaande periode. Het is de verantwoordelijkheid van organisaties en uitvoerders in zorg en welzijn om aan de (lokale) overheid duidelijk te maken waar het gevoerde beleid onaanvaardbare neveneffecten heeft voor bepaalde groepen. Daarnaast helpt zorgvuldig en systematisch signaleren bij het reflecteren op passende hulp- en dienstverlening en collectieve arrangementen die kwetsbare burgers helpen om zich te handhaven en te ontwikkelen in de steeds complexer wordende samenleving. Door goede afstemming en samenwerking binnen en buiten de sector kan een sociale structuur ontstaan die sober is, maar ook recht doet aan de maatschappelijke verantwoordelijkheid van de samenleving als geheel.

Deze publicatie kent andere auteurs dan de eerdere publicatie(s) van *Opgelet!*. De basis van de methode die Peter van Splunteren en ik schreven is al die jaren niet veranderd, de context waarin de methode wordt toegepast des te meer. Dat is dan ook de kern van de aanpassingen. De laatste bewerking in 2007 heb ik voor mijn rekening genomen en deze herziene uitgave is tot stand gekomen met inzet van Hanneke Felten en Ard Sprinkhuizen. Ard heeft het voortouw genomen bij de reflectie op de huidige opdracht van sociaal werk en samen met Hanneke heeft hij de methode toegesneden op die opdracht. Daarbij zijn actuele voorbeelden verzameld en uitgewerkt. Er is geput uit de ervaringen van meerdere lopende programma's en projecten, waaronder DichtErBij, een project van het lectoraat Maatschappelijk Werk van Hogeschool Inholland, waarin de standaard intakewerkwijze voor sociaal werk herzien is, en het programma 'Sociaal Werk in de Wijk' (SWW). SWW is een meerjarig innovatief programma van tien werkveldinstellingen, ondersteund door het lectoraat, MOVISIE en de brancheorganisatie MOgroep. Er wordt geëxperimenteerd met vernieuwende werkwijzen en professionele inzet. Doordat het programma zo dicht op de praktijk zit, vormt het een rijke bron voor signalering.

We hopen dat deze nieuwe uitgave goed aansluit bij de praktijk van sociaal werk, zodat zij weer een aantal jaren meekan. Omdat de publicatie in het onderwijs veel gebruikt wordt, is extra informatie voor het onderwijs te vinden op de website van Uitgeverij Coutinho (**www.coutinho.nl/opgelet2**).

Margot Scholte
mei 2013

Inhoud

	Inleiding	9
1	**Waarom signaleren?**	11
1.1	Vernieuwing van het sociaal werk	11
1.2	Empowerment als basis	15
1.3	Signaleren vanuit drie invalshoeken	17
1.4	Belemmeringen bij signaleren in de praktijk	24
1.5	Tot slot	27
2	**Handen en voeten geven aan signaleren**	29
2.1	Omschrijving van het begrip 'signaleren'	29
2.2	Wat signaleer je?	30
2.3	Bij wie signaleer je?	33
2.4	Waar signaleer je?	34
2.5	Met wie signaleer je?	36
2.6	Overzicht	37
3	**Signaleren: systematisch en stapsgewijs**	39
3.1	De zes stappen van de signaleringsprocedure	40
	3.1.1 Stap 1 – Signalen actief verzamelen	40
	3.1.2 Stap 2 – Beslissen: is verdere analyse noodzakelijk?	45
	3.1.3 Stap 3 – Analyseren	50
	3.1.4 Stap 4 – Beslissen: is actie wenselijk en haalbaar?	55
	3.1.5 Stap 5 – Actie ondernemen	57
	3.1.6 Stap 6 – Evalueren en feedback geven	63
3.2	Wie betrek je wanneer?	64
4	**Toelichting van het stappenplan met praktijkvoorbeelden**	67
4.1	De bibliotheekbus	67
4.2	Nieuw aanbod voor mannen met stressklachten	68
4.3	Informatie over regelingen	69
4.4	Een meidenbus	70
4.5	Onbekend met eigen talenten	71

	4.6	Aan de slag met vrijwilligers	73
	4.7	Signalerend activeringsonderzoek in de buurt	74

5 Toepassing van signaleren in de organisatie 77

5.1	Signaleren vraagt om beleid	77
5.2	Signaleren vraagt om menskracht	79
5.3	Signaleren vraagt om organisatie	79
5.4	Signaleren vraagt om deskundigheid	80
5.5	Signaleren vraagt om het vieren van succes	82

De essentie van signaleren	83
Bijlage 1 – Signaleringsformulieren	87
Bijlage 2 – Checklists	93
Literatuur	101
Register	103
Over de auteurs	107

Inleiding

Er verandert heel veel tegelijkertijd in de inrichting van de verzorgingsstaat. De verschuiving naar een 'participatiesamenleving' van de laatste jaren wordt aangeduid als de meest ingrijpende verbouwing in de samenleving sinds de overheid in de jaren vijftig van de vorige eeuw de AOW, de bijstandswet en de AWBZ invoerde en overheidsondersteuning van een gunst een recht werd. Mede door de economische crisis, die sinds 2009 het overheidsbeleid sterk domineert, worden veel sociale voorzieningen moeilijker toegankelijk, zoals de begeleiding van ouderen bij het boodschappen doen, de zorg aan huis, de vergoeding van tolken, de sociale werkplaatsen, de jeugdzorg, de activiteiten in het buurtcentrum en het opknappen van speelplekken. Heel veel maatregelen die het Rijk en de gemeenten nemen, raken dezelfde groepen mensen in dezelfde buurten. Bovendien verwacht de overheid heel veel van de eigen kracht, sociale veerkracht en sociale vaardigheden van deze, vaak kwetsbare, burgers om de consequenties hiervan op te vangen. In beleidsstukken van het Rijk zijn de gevolgen vooral te zien in complexe koopkrachtplaatjes, maar het gaat dus om veel meer.

Een voorbeeld

In een van de 'krachtwijken' in een middelgrote stad zien sociaal werkers in hun dagelijks werk dat door alle veranderingen veel wijkbewoners het hoofd niet meer boven water kunnen houden. Ze steken zich steeds dieper in de schulden en grijpen soms naar illegale middelen om extra inkomen te verwerven. Bij ontdekking van de wietplantage in de kelder dreigen zij op straat gezet te worden. Jongeren hangen steeds vaker op straat rond; de motivatie om de school af te maken neemt af. Je komt toch niet aan de bak, denken zij. Doordat de ambulante begeleiding vanuit de ggz wordt ingekrompen, zwerven meer mensen met psychiatrische problemen geregeld verward over straat.

De organisaties voor welzijn en maatschappelijke dienstverlening, de politie, gemeente en de zorgorganisaties vinden dat het zo niet langer kan en slaan de handen ineen. Op basis van een gezamenlijke analyse van de ernstigste knelpunten in de buurt, weten ze met een intensieve investering en een gezamenlijke aanpak een belangrijk deel van de bewoners die afgleden weer op de been te helpen. Door in een sociaal team 'erop af' te blijven gaan, weten ze problemen in een vroeg stadium op te lossen of te stabiliseren. En het buurthuis waarvoor sluiting dreigde, wordt geëxploiteerd door de bewoners zelf en kent weer volop aanloop door buurtbewoners van allerlei pluimage.

Opgelet!

Deze situatiebeschrijving is natuurlijk een ideaalplaatje van hoe sociaal werkers de gevolgen van allerlei ingrijpende overheidsmaatregelen en -bezuinigingen zouden moeten opvangen, door voortdurend alert te blijven op de consequenties hiervan in het dagelijks leven van (kwetsbare) burgers. Een ideaalplaatje dat veel gemeenten overigens wel voor ogen hebben, maar dat nog geen realiteit is.

Signaleren is, zeker in deze razendsnel veranderende werkelijkheid, een belangrijke taak voor het sociaal werk. Bij het doorbladeren van nota's van instellingen en overheden valt deze opvatting vaak te lezen, en ook in gesprekken met hulpverleners en managers wordt die mening veelvuldig geuit. Maar wie vervolgens de moeite neemt zich te verdiepen in de praktijk van signaleren, ziet dat het vaak bij goede intenties blijft. En ook de literatuur over signaleren is beperkt. Een paar boeken, wat artikelen, een paar leertrajecten van hogescholen: meer is het niet. Navraag leert dat menige hulpverlener, stafmedewerker en manager moeite heeft om 'signaleren' in de praktijk te brengen. Hoe doe je dat precies? Wat is de moeite waard om te signaleren? Wat betekent een signaal? Dit boek biedt hiervoor handvatten.

Dit boek is als volgt opgebouwd: hoofdstuk 1 geeft een beknopt overzicht van de achtergronden en het belang van signaleren onder de huidige maatschappelijke opdrachten die uit de veranderende wet- en regelgeving (zoals de Wmo) volgen. Dat mondt in hoofdstuk 2 uit in een nadere omschrijving van signaleren, zoals dat in het sociaal werk toegepast wordt. Hoofdstuk 3 werkt de begripsomschrijving concreet uit in een beslismodel bestaande uit een aantal stappen en beschrijft verschillende technieken die tijdens signaleren kunnen worden gebruikt.

Hoofdstuk 4 laat aan de hand van praktijkvoorbeelden zien hoe de geschetste procedure er in de praktijk uit kan zien. Hoofdstuk 5 gaat over de invoering van signaleren in de organisatie. Wat is daar minimaal voor nodig, en hoe kunnen medewerkers gestimuleerd worden bij het uitvoeren van signaleringsactiviteiten? Tot slot is er een overzicht van de kern van signaleren opgenomen onder de kop 'De essentie van signaleren'.

De bijlagen bevatten verschillende formulieren en checklists. Bijlage 1 bevat drie signaleringsformulieren die als voorbeeld fungeren. Bijlage 2 bestaat uit checklists die als hulpmiddelen gebruikt kunnen worden bij de stappen uit het beslismodel. Een werkschema voor signaleren is te vinden op de flap aan het omslag.

1 Waarom signaleren?

Door de grote maatschappelijke veranderingen van de laatste jaren, is signaleren als taak steeds belangrijker geworden in het sociaal werk. In dit hoofdstuk wordt toegelicht dat signaleren op verschillende niveaus plaats kan vinden: op individueel niveau en het niveau van het sociaal netwerk (micro), op het niveau van de kwaliteit en toegankelijkheid van voorzieningen (meso) en op sociaal-maatschappelijk niveau (macro). Ook worden drie verschillende invalshoeken van signaleren binnen het sociaal werk behandeld: als eerste fase van preventie, als aanvulling op hulp- en dienstverlening en als professiegebonden taak.

1.1 Vernieuwing van het sociaal werk

Het sociaal werk is de afgelopen jaren, en met name sinds de invoering van de Wet maatschappelijke ondersteuning (Wmo) op 1 januari 2007, vaak het onderwerp van debat geweest. Pittige discussies over het nut en de noodzaak zijn op verschillende plekken gevoerd. Hierdoor heeft er een verschuiving plaatsgevonden van opdracht, doelgroep en aanpak van het sociaal werk.

Opdracht

Sociaal werk heeft altijd een tweeledige opdracht. In de eerste plaats ondersteunt sociaal werk burgers die op de een of andere manier in de knel zitten, om de aansluiting bij de samenleving weer terug te vinden. In de missie van de branche Welzijn en Maatschappelijke Dienstverlening is te lezen dat sociaal werk 'de zelfredzaamheid en sociale omgeving van burgers en buurten versterkt, en burgers stimuleert om zich in te zetten voor anderen'.

Deze opdracht ligt in het verlengde van die andere maatschappelijke opdracht, die wordt geformuleerd vanuit de wet- en regelgeving door de regering, het parlement en in toenemende mate ook door lokale overheden. Deze opdracht is met name verwoord in de Wet maatschappelijke ondersteuning (Wmo), die in 2007 werd ingevoerd. De essentie van deze wet is dat iedere burger meedoet in de samenleving en zo veel mogelijk de verantwoordelijkheid neemt voor zichzelf en zijn (directe) omgeving. Pas op het moment dat het niet (meer) zelf of met vrijwilligers lukt om bijvoorbeeld problemen rond eenzaamheid, opvoeding, toegang tot een voorziening, het invullen van een formulier, overlast van jongeren of het in stand houden van een speeltuintje op te lossen, kan men een beroep doen op hulp- en dienstverlening door maatschappelijke organisaties en sociale professionals. Daarbij wordt er eerst gekeken of er oplossingen zijn op 'collectief' niveau (dus geen maaltijd aan huis bezorgen bij een oudere, maar aansluiten bij een buurtrestaurant als Resto VanHarte). Pas in laatste instantie wordt individuele hulpverlening aangeboden.

Naast deze veranderingen in de inrichting van de 'verzorgingsstaat', waarbij dus veel meer een beroep wordt gedaan op de individuele en de onderling georganiseerde zelfredzaamheid van de burger (er wordt wel gesproken over een 'verschuiving van de verzorgingsstaat naar een participatiesamenleving'), wordt ook de tweedelijnszorg minder makkelijk toegankelijk. Het gaat om bijvoorbeeld de AWBZ (voor ouderen en psychiatrisch patiënten), de Jeugdzorg en beschutte arbeid (sociale werkplaatsen). De overheid is van mening dat deze zorg veel te duur is geworden. Bovendien stijgen deze kosten snel door onder andere de vergrijzing. Ook vindt de overheid dat burgers die tweedelijnszorg krijgen, veel te afhankelijk worden van hulp. Met professionele hulp uit de 'eerste lijn' worden ze aangemoedigd zo veel mogelijk zelf te doen voordat ze professionele hulpverleners uit de gespecialiseerde 'tweede lijn' inschakelen. Dat betekent dat cliënten die eerst een beroep deden of konden doen op bijvoorbeeld behandeling in een instelling, nu de zorg aan huis krijgen of ambulant worden begeleid. Het betekent ook dat kwetsbare burgers, bijvoorbeeld met ernstige psychische problematiek, vaker in een gewone wijk wonen en niet meer in een intramurale setting. Om dit te kunnen realiseren moet de rol die de eigen sociale netwerken en het sociaal werk spelen, onherroepelijk groter worden.

Doelgroep

In de jaren negentig van de vorige eeuw richtte het sociaal werk zich vooral op de burger die hulp zocht. Nu richt men zich steeds meer op kwetsbare burgers die niet in staat zijn zelf gerichte hulp te vragen (Jehoel-Gijsbers, 2004; Van Regenmortel, 2008; Hoijtink, 2008; Linders, 2010; Scholte, 2010). Het gaat meestal om burgers met een reeks aan problemen, die in elkaar grijpen en elkaar in stand houden. Sommigen hebben hun vertrouwen in instanties en professionals verloren, anderen beheersen de regels van het sociale verkeer niet voldoende, waardoor hun vaak de deur wordt gewezen: van de werkvloer en het ziekenhuis tot aan de sociale dienst. Deze burgers hebben weinig contacten, weinig toegang tot hulpbronnen in hun eigen omgeving en lopen grote kans geïsoleerd te raken. Hans van Ewijk (2010) spreekt in dit kader van het belang van het begeleiden van mensen die sociaal onhandig zijn, juist in een tijd waarin een groot beroep wordt gedaan op sociale vaardigheden en sociaal functioneren in een complexe omgeving.

Belangrijk om te benadrukken is dat ook deze 'kwetsbare burgers' capaciteiten en krachten bezitten waarmee ze zich kunnen redden. Het is een van de kernkwa-

1.1 Vernieuwing van het sociaal werk

liteiten van sociaal werk om die capaciteiten te herkennen, te onderkennen en aan te spreken. Een andere kernkwaliteit van sociaal werk is om de zwakke en sterke elementen in een samenleving (een buurt, een school, een groep ouderen, jongeren) met elkaar te verbinden en zo een groep mensen sterker te maken. Tegelijkertijd is het ook een kernkwaliteit om kwetsbare burgers niet als een homogene groep te benaderen, maar om oog te hebben voor de diversiteit onder hen. Denk bijvoorbeeld aan verschillen in culturele herkomst, gender, religie, (verstandelijke en fysieke) vermogens, seksuele voorkeur en leeftijd. Een persoonsgerichte benadering van kwetsbare burgers komt hierdoor dichterbij. Met de herwaardering van deze kernkwaliteiten keert het sociaal werk deels terug naar een oude en vertrouwde basis. Sociaal werk (maatschappelijk werk, opbouw- en jongerenwerk, sociaal juridische dienstverlening en sociaal pedagogische hulpverlening, en met name het brede en generalistische sociaal werk) is weer hard nodig om kwetsbare groepen te ondersteunen om hun *eigen kracht* te organiseren, om de negatieve spiraal van in elkaar grijpende problemen te doorbreken en om kwetsbare burgers te ondersteunen bij het verwerven en handhaven van een stevige materiële bestaansbasis (wonen, werk, inkomen).

Aanpak: Welzijn Nieuwe Stijl (WNS)

Van het sociaal werk wordt dus onder de veranderende omstandigheden een ander soort inzet gevraagd. Die andere aanpak is voor het eerst in samenhang neergelegd in het programma Welzijn Nieuwe Stijl (Ministerie van VWS, 2010) en uitgewerkt door verschillende auteurs in zijn consequenties voor sociaal werk (Scholte, 2010; Van der Lans, 2010; Van Ewijk, 2010). Er worden in WNS acht bakens benoemd die richting geven aan het handelen van de 'nieuwe' sociale professional:

1. Gericht op de vraag áchter de vraag: het gaat om het breder kijken naar de achterliggende problematiek. Wat hebben mensen nodig om hun problemen zelf aan te pakken? Dit gaat dus verder dan 'vraaggericht werken'. De essentie is dat het werk juist 'dialooggestuurd' is. Heeft de burger die scootmobiel écht de hele tijd nodig, of kan hij hem delen met anderen en is er een andere manier om ervoor te zorgen dat hij kan blijven participeren? Het gaat om een gedeelde verantwoordelijkheid van burgers én overheid om sobere en doeltreffende maatregelen te nemen.
2. Gebaseerd op de eigen kracht van de burger: het gaat om meer oog voor wat burgers zelf kunnen doen, of met hulp uit de directe sociale omgeving (het *sociale netwerk*). Het gaat erom burgers niet alleen te ondersteunen naar *zelfredzaamheid*, maar ook om *samenredzaamheid* te versterken: het vermogen van mensen om met elkaar tegenslagen op te vangen.
3. Direct eropaf: sociaal werkers gaan zich meer dan voorheen richten op de burgers die de zorg mijden, die afgehaakt zijn of de weg naar hulp- en dienstverlening niet weten te vinden. Het gaat om de zogenoemde kwetsbare groe-

pen die vaak niet om ondersteuning durven of willen vragen, terwijl ze al langer kampen met meervoudige problematiek, of die dreigen in de problemen te komen. Sociaal werkers gaan *eropaf*. Dit kan overigens ook de vorm krijgen van 'present zijn' in de buurt. Voordeel is dat sociaal werkers dan ook goed signalen over krachten en kansen in de buurt in het zicht krijgen.

4 Formeel en informeel in optimale verhouding: het gaat om een optimale verhouding tussen wat mensen onderling in informeel verband zelf kunnen en wat sociaal werkers en andere professionals moeten doen. De inzet van sociale netwerken, vrijwilligersinitiatieven en wijkverbanden wordt veel sterker in stelling gebracht dan nu vaak het geval is. Daarbij gaat het overigens ook nadrukkelijk om positieve initiatieven die de veerkracht van netwerken of de omgeving kunnen versterken.

5 Meer collectief dan individueel: een individueel probleem behoeft niet automatisch een individuele oplossing. Collectieve aanpakken zijn niet alleen goedkoper, maar bieden ook vaak een betere oplossing, bijvoorbeeld omdat burgers hierdoor onderling contact krijgen. Op deze manier wordt de kans dat oplossingen een duurzaam karakter krijgen ook groter. Het is niet gezegd dat collectieve oplossingen altijd voorgaan op individuele hulpverlening. Het gaat om het vinden van de juiste balans tegen de achtergrond van het probleem dat moet worden aangepakt.

6 Integraal werken: problemen die met elkaar samenhangen, moeten ook in samenhang worden aangepakt. Dit baken heeft twee kanten: aan de ene kant hangen problemen bij burgers vanuit een leefwereldperspectief vaak met elkaar samen (denk aan schulden en opvoedingsproblemen) en horen daarom in de leefwereld van de burger (en het netwerk) in samenhang opgepakt te worden. Aan de andere kant dienen oplossingen ook tussen professionals in samenhang te worden ingezet. Sociaal werkers kunnen niet op een eiland opereren, maar moeten nauw samenwerken met elkaar en met andere professionals. Dit wordt ook wel een integrale of ketenaanpak genoemd. Deze integrale aanpak wordt vaak georganiseerd in een specifiek en afgebakend gebied, zoals een wijk, buurt of gemeente. In dat verband wordt ook wel gesproken van *integraal en gebiedsgericht werken*.

7 Niet vrijblijvend, maar resultaatgericht: over de ondersteuning aan burgers worden concrete afspraken gemaakt. Doelen worden in meetbare termen geformuleerd. Deze doelen moeten niet alleen perspectief bieden op de langere termijn, maar zich ook richten op praktische, snelle resultaten. Zo moet een gezonde mix van korte- en langetermijndoelen ontstaan. Bij dit baken speelt ook het thema van *evidencebased werken* een rol: hulp- en dienstverlening moet zo veel mogelijk gebaseerd zijn op 'bewezen effectieve methoden'. Hierbij past de kanttekening dat een sociale professional de inzet van deze methoden plaatst in de sociale context waarin deze wordt gebruikt (past het in deze buurt, in dit sociale netwerk, bij deze cliënt?). Het reflectieve vermogen van de professional is hierbij minstens even belangrijk als de in te zetten methode.

8 Gebaseerd op ruimte voor de professional: in aansluiting op het vorige baken moeten sociaal werkers voldoende professionele ruimte krijgen om zelfstandig te handelen op basis van een ruime, vrije beslissingsruimte. Het gaat er ook om de professional niet te beknotten in het professioneel handelen door dit dicht te timmeren met protocollen en verantwoordingssystemen.

Deze acht bakens hebben als inzet dat sociaal werk veel dichter dan voorheen op de leefwereld van (kwetsbare) burgers opereert. Sociaal werkers zullen actief aanwezig moeten zijn en hun ogen en oren open moeten houden voor signalen waar het verkeerd dreigt te gaan, maar ook waar kansen liggen. Waar nodig zullen zij zelf, soms letterlijk, aan de bel moeten trekken bij kwetsbare burgers en vroegtijdig, licht en gericht ingrijpen om zodoende zwaardere problematiek te voorkomen (Scholte, 2010). De accenten die worden gelegd in het sociaal werk gaan ook sterk uit van het versterken van de eigen kracht van burgers. Deze benadering grijpt deels terug op de zogenoemde 'empowermentbenadering'. Deze werken we verder uit in de volgende paragraaf.

1.2 Empowerment als basis

In de zogenoemde 'empowermentbenadering' zijn veel van de fundamenten terug te vinden die ten grondslag liggen aan de nieuwe manier van werken (Jacobs, 2001; Jacobs et al., 2008; Van Regenmortel, 2008, 2011; Engbersen et al., 2008). Interessant aan deze benadering is ook dat zij haar wortels heeft in uitgebreid wetenschappelijk onderzoek. De empowermentbenadering gaat uit van het bouwen aan een tweeledig versterkingsproces: het individu en zijn netwerk worden zelf sterker, kunnen hun eigen situatie beter aan. Maar tegelijkertijd verwerven ze controle, of macht, over hun (persoonlijke) omstandigheden (Engbersen et al., 2008; Jacobs et al., 2008). In dit proces worden de negatieve aspecten van een situatie verbeterd door actief op zoek te gaan naar positieve zaken, om zo al doende de eigen draagkracht te versterken (Projectgroep Dichterbij, 2012).

Wat betekent empowerment?

Empowerment is niet eenvoudig te vertalen. Begrippen die ertegenaan liggen zijn bijvoorbeeld 'eigenmachtig worden', 'zelfsturing', 'versterking van de maatschappelijke weerbaarheid'. Van Regenmortel (2011) omschrijft empowerment in haar *Lexicon van empowerment* als:

> 'een proces van versterking waarbij individuen, organisaties en gemeenschappen greep krijgen op de eigen situatie en hun omgeving via het verwerven van controle, het aanscherpen van kritisch bewustzijn en het stimuleren van participatie.'

1 Waarom signaleren?

Macht en kracht zijn centrale begrippen in de empowermentbenadering. Als sociaal werker ben jij je bewust van de verschillen in macht op de diverse niveaus in de samenleving: op het niveau van het individu en zijn sociale netwerken; op het niveau van maatschappelijke organisaties; en op het niveau van de samenleving als geheel. Werken vanuit de empowermentbenadering betekent streven naar het vergroten van de macht of de regie op die niveaus; de burger krijgt zelfvertrouwen en wordt krachtiger, ook doordat hij het gevoel heeft meer controle uit te (kunnen) oefenen op zijn leefomstandigheden. Deze controle verwerft hij onder meer door een kritisch inzicht in de omgeving en door het ontplooien van daadwerkelijke actie om invloed uit te oefenen. Sociaal werkers werken aan het toerusten van kwetsbare burgers, zodat zij zichzelf kunnen versterken. Sociaal werkers zijn dus niet bezig met het 'empoweren' van kwetsbare burgers, maar gebruiken hun macht en invloed om deze burgers de mogelijkheid te geven om zichzelf te empoweren. Dit wordt ook wel benoemd als *eigen kracht* van burgers. De mogelijkheid van participatie in sociale verbanden is een kernaspect van empowerment, omdat (kwetsbare) burgers juist daarin de veerkracht terug kunnen vinden om bij tegenslagen kracht aan te ontlenen (Van Regenmortel, 2011).

Empowerment is een gelaagd begrip: het speelt zich niet alleen af op verschillende niveaus, maar versterking van individuen en hun netwerken, van organisaties en van de samenleving grijpt ook in elkaar. Als een jongen van Marokkaanse afkomst bijvoorbeeld zelf wel greep heeft op zijn leven, goed kan leren, maar op school en bij de sportvereniging niet op waarde wordt geschat, en ook met een negatief beeld over jongeren van Marokkaanse afkomst in het publieke debat wordt geconfronteerd, dan blijft het moeilijk om zijn eigen kracht volledig te benutten en te versterken. Sociaal werkers die uitgaan van empowerment proberen dan ook te sleutelen op alle drie de niveaus. Het zal duidelijk zijn dat signalering daarbij een belangrijke rol speelt, en dan met name op het niveau van organisaties en de samenleving.

Het versterken van (kwetsbare) bewoners en hun netwerken (microniveau) hoort vanzelfsprekend tot het primaire proces van sociaal werkers. De problemen en knelpunten in het leven van een cliënt worden gesignaleerd (draaglast), maar ook de nog onbenutte kansen en mogelijkheden (draagkracht). Dit gebeurt onder andere door individuele cliënten de mogelijkheid te bieden om vaardigheden aan te leren en door kritische bewustwording te stimuleren. Van Regenmortel (2008, 2011) spreekt over de *power from within*: je versterkt de kracht die de cliënt zelf in zich heeft. Daarnaast werk je met individuele cliënten aan het versterken van de (directe) sociale omgeving: sociale steun van bijvoorbeeld familie of vrienden en lotgenotencontact wordt geactiveerd. Dit wordt de *power with* genoemd: je versterkt de kracht vanuit de omgeving. Zowel het versterken van de power from within als het versterken van de power with krijgt in het sociaal werk vorm in het dienstverlenend en hulpverlenend handelen. Dit krijgt, indachtig de bakens van Welzijn Nieuwe Stijl, in toenemende mate een meer coachend karakter. Daar kunnen signalen die sociaal werkers opdoen, bijvoorbeeld over kansen in de buurt, over nieuwe wet- en regelgeving, over inkomensondersteunende maatregelen, een rol in spelen.

Op het niveau van voorzieningen (mesoniveau) gaat het vaak over het toegankelijk maken ervan voor bepaalde groepen burgers (bijvoorbeeld sociaal geïsoleerde ouderen bij elkaar laten komen in een buurtrestaurant dat in een regionaal opleidingscentrum (roc) wordt georganiseerd). Dat kan door signalen van individuele cliënten of bewoners te verzamelen en te veralgemeniseren, ook wel 'collectiveren' genoemd. Maar dat kan ook door in gesprekken met sleutelpersonen of andere professionals goede ideeën op te doen. Empowerment op mesoniveau gaat gepaard met het delen van 'macht' over het beleid en de toegankelijkheid van een dienst of voorziening (op een heel simpel niveau bijvoorbeeld over de openingstijden). Het is immers cruciaal bij empowerment dat burgers, bewoners of cliënten het idee hebben greep te krijgen op de voorziening. Als sociale professional zul je dan vaak 'vanuit de frontlijn', samen met burgers, aan een voorziening duidelijk moeten maken waar het aan schort en hoe er kansen voor (kwetsbare) burgers kunnen worden gecreëerd. Hierin kun je goed optrekken met andere professionals die met dezelfde (groepen) burgers te maken hebben.

Het sociaal-politieke (macro)niveau gaat over het verwerven van invloed in het publieke domein. Voorbeelden die Van Regenmortel (2008, 2011) noemt zijn het veranderen van vooroordelen, betere toegankelijkheid van voorzieningen en hulpbronnen voor zover dat van overheidswege wordt geregeld, betere kwaliteit van zorg, het beïnvloeden van wet- en regelgevingen en het bestrijden van stigmata. Dit wordt de *power to* genoemd. Uitgaan van een empowermentbenadering betekent dat organisaties, sociale professionals én burgers gezamenlijk een kritische signaalfunctie hebben. Voor sociaal werkers geldt dat signalen verzamelen, analyseren en oppakken bij hun kerntaak hoort.

In een samenleving die, zoals in paragraaf 1.1 werd geschetst, grote veranderingen te verwerken krijgt, is signalering op alle drie de niveaus van groot belang om als sociaal werker je maatschappelijke opdracht vanuit een empowermentperspectief goed te kunnen invullen. Zeker als veel van die veranderingen een beroep doen op de draagkracht van kwetsbare burgers.

1.3 Signaleren vanuit drie invalshoeken

Zoals uit het voorgaande blijkt, kun je op veel verschillende manier signaleren. Grofweg kun je het benaderen vanuit drie invalshoeken:
- Als eerste fase van preventie: gericht op het actief opsporen van risicofactoren bij groepen mensen en in gebieden, ter voorkoming of vermindering van (psychisch) leed en tekorten. Ook kunnen factoren op een rij worden gezet die juist gericht zijn op het herkennen van kansen. Denk aan succesvolle be-

nadering van geïsoleerde vrouwen met een migrantenachtergrond door vrijwilligers uit de eigen etnische groep.
- Als aanvulling op of verbetering van het hulp- en dienstverlenend handelen, op het versterken van de eigen kracht van burgers of de veerkracht van de omgeving.
- Als professiegebonden taak die in het verlengde ligt van de hulp- of dienstverlening. Enerzijds is die gericht op het opsporen van risicofactoren of kansrijke aanknopingspunten ter voorkoming van problemen of verbetering van de situatie op groeps- of populatieniveau. Anderzijds op het opsporen van misstanden in wet- en regelgeving, leemten en tekorten in voorzieningen. Ook het waarschuwen van anderen op basis van deze signalen behoort hiertoe. De professiegebonden taak overlapt met de eerste twee invalshoeken. Globaal gesteld betreft ze, meer dan de eerste twee, de aanwezigheid van randvoorwaarden voor het succesvol individueel en maatschappelijk functioneren van groepen burgers, maar ook het geven van kritische feedback op het maatschappelijk beleid en de wettelijke randvoorwaarden waaronder succesvolle hulp- en dienstverlening tot stand kan komen.

Signaleren als eerste fase van preventie

De eerste invalshoek sluit aan bij signalering zoals die in de praktijk van de gezondheidszorg breed wordt uitgevoerd, bijvoorbeeld door GGD's, consultatiebureaus enzovoort. Vaak wordt hierbij gebruikgemaakt van epidemiologisch onderzoek. Denk bijvoorbeeld aan de risicogroepen die elk jaar door de huisarts worden opgeroepen voor een griepprik. Een ander voorbeeld is de wijze waarop de ggz-preventie gestalte heeft gekregen en wordt uitgevoerd. Ggz-preventie wordt ingevuld vanuit de gezondheidszorg met als doel om ernstige psychische problemen te voorkomen of vroeg op te sporen, om zo de kans op vroegtijdige en succesvolle behandeling te vergroten. Daarnaast zijn er preventieve acties om iemand die al een psychische stoornis heeft voor erger te behoeden, bijvoorbeeld door de gevolgen ervan te verzachten of te voorkomen dat er andere, nieuwe problemen ontstaan. Een voorbeeld is om patiënten die voelen dat ze psychotisch worden en de controle over de werkelijkheid verliezen in een eerder stadium 'zelfbindende contracten' te laten opstellen en tekenen, zodat er met hun toestemming ingegrepen kan worden op het moment dat ze over de schreef gaan. Ggz-preventie hoort tot de taken van ggz-instellingen. Verder zijn GGD's, scholen en instellingen voor jeugdhulpverlening actief op dit gebied (Ruiter, Bohlmeijer & Blekman, 2005).

Signalering wordt in deze invalshoek meestal in één adem genoemd met preventie. Signalering vindt plaats in de voorfase van preventie, waarin een uitgebreide en gedegen analyse van de keuze voor een preventiethema wordt uitgevoerd. Signalering betreft dan het opsporen van risicofactoren en omstandigheden die (kunnen) leiden tot het ontstaan van problemen op gebieden als gezondheid, armoede, sociaal isolement en schooluitval. Bij deze uitvoering van signalering hoort een scala van specialistische onderzoekstechnieken. Er zijn vaak ook landelijk opererende instituten mee bezig, zoals het RIVM, het SCP, het Trimbos-instituut, het WODC en universiteiten.

Ook het sociaal werk kent preventie als onderdeel van het werk. Hiertoe behoort het opsporen en systematisch onderzoeken van risicofactoren of van kansrijke werkwijzen om problemen te voorkomen of op te lossen. Deze invalshoek is echter in het grootste deel van het sociaal werk niet goed tot zijn recht gekomen. Preventie in het sociaal werk is vooral gericht op (nieuwe) problemen binnen de bekende cliëntenpopulatie en krijgt onder andere vorm in voorlichting en preventief groepswerk. In de meer op samenlevingsopbouw gerichte vormen van sociaal werk is preventie vaak gericht op het versterken van de krachten in een netwerk en buurt. Ook dit is slechts zelden gebaseerd op een grondige verkenning van factoren die aangeven wanneer een maatregel succesvol zal zijn óf juist niet. Onderzoek naar 'bewezen methoden' van preventie zal in de toekomst wellicht meer inzicht verschaffen in de factoren die sociaal werkers in het oog moeten houden bij interventies. Denk bijvoorbeeld aan interventies gericht op het voorkomen van schulden en schooluitval, of het vergroten van veiligheid in een buurt, of de versterking van sociale samenhang in een woningcomplex.

Signaleren als aanvulling op het hulp- of dienstverlenend handelen

In de tweede invalshoek wordt signaleren opgevat als een activiteit die hoort bij zorgvuldige hulp- en dienstverlening aan bewoners, burgers, cliënten en cliëntsystemen. We onderscheiden hierbij het signaleren onder bestaande contacten en cliënten en het signaleren onder burgers die (nog) geen cliënt zijn.

Signaleren onder bestaande contacten en cliënten

Al jaren is het gangbaar in het sociaal werk om veranderingen in het functioneren van een cliënt (of cliëntsysteem) te signaleren die zouden kunnen duiden op een achteruitgang. Zo zou een oudere cliënt die steeds vaker etensresten in de koelkast laat bederven of steeds meer pakken vruchtensap in zijn kelderkast opslaat, last kunnen hebben van beginnende dementie. Een pubermeisje dat jij als sociaal werker ondersteunt en dat steeds dunner wordt, zou weleens een eetstoornis kunnen ontwikkelen. Ook het signaleren van veranderingen in de toestroom van groepen cliënten hoort hierbij. Hiervoor bieden de registratiegegevens houvast. Denk bijvoorbeeld aan een toenemend aantal oudere burgers van migrantenafkomst dat ondersteuning vraagt bij het invullen van formulieren. Dit kan verschillende oorzaken hebben, waaronder een terugtrekkende beweging van andere voorzieningen. Door het signaleren van veranderingen, het onderzoeken van het signaal en het zo nodig ondernemen van actie, vullen sociaal werkers hun basiswerkwijze in. Deze wijze van signaleren bestaat niet alleen in het sociaal werk, maar ook in andere vormen van ondersteuning en begeleiding die zich uitstrekken over een langere periode, zoals bij de thuiszorg, de ggz en de wijkverpleging.

1 Waarom signaleren?

Signaleren onder bestaande contacten en cliënten is al jarenlang een vanzelfsprekend onderdeel van het hulpverlenend handelen van de meeste sociaal werkers. Het wordt meestal niet als een aparte taak beschouwd. De nieuwe aanpak zoals weergegeven in Welzijn Nieuwe Stijl, heeft daar geen verandering in gebracht. Wat wel is veranderd, is de manier waarop het signaal wordt opgepakt. Zo zal een sociaal werker die werkt aan de hand van de bakens Welzijn Nieuwe Stijl bij de oudere die mogelijk aan het dementeren is, eerder onderzoeken of er vanuit het sociaal netwerk van de oudere iemand is die hem of haar kan ondersteunen. Het steeds dunner wordende pubermeisje heeft misschien baat bij een collectief aanbod, zoals een meidengroep die werkt aan empowerment en het vergroten van zelfvertrouwen. Het gaat hier om het verbinden van het signaleren op micro- en mesoniveau: het handelen van de sociaal werker en de organisatie richt zich op de cliënt of het cliëntsysteem, diens sociale omgeving en de mogelijk aanwezige voorzieningen.

Het signaleren op basis van registratiegegevens is nog niet goed ingeburgerd. Het vergt beleid en deskundigheid op een ander niveau. Bureaus voor sociaal raadslieden, maar ook opbouwwerkers, zijn hier goed in. Het voorbeeld van de ouderen van migrantenafkomst maakt dit duidelijk. Daar speelt nog een ander aspect. De groei van het aantal hulpvragende ouderen van migrantenafkomst kan ook het gevolg zijn van het verdwijnen van formulieren in de moedertaal. Dit kan bewust beleid zijn van de voorliggende voorziening om de kosten te drukken, maar ook om de ouderen te dwingen Nederlands te leren. Ook onder het huidige politiek gesternte heeft sociaal werk de verplichting om de discussie aan te zwengelen als over de neveneffecten van nieuw beleid onvoldoende nagedacht is.

Signaleren onder burgers die (nog) geen cliënt zijn
Naast het signaleren bij bestaande cliënten, kan er ook gesignaleerd worden onder burgers die (nog) geen cliënt zijn maar wel in het werkgebied van de organisatie wonen of tot de doelgroep behoren. Deze vorm van signaleren krijgt een sterke impuls onder de nieuwe manieren van werken. Eerst was de vraag van een cliënt de aanleiding voor de sociaal werker om contact te maken en een vertrouwensband op te bouwen. Nu is dat steeds vaker een signaal over een cliënt of cliëntsysteem afgegeven door andere professionals, vrijwilligers of burgers uit het betreffende werkgebied. Ook kun je als sociaal werker signalen oppakken doordat je zelf 'present' bent in de buurt.

Deze ontwikkeling is duidelijk herkenbaar in het gebiedsgericht sociaal werk (in wijken, buurten en dorpen), zoals dat vooral bij individuele hulpverlening ingevuld wordt. Waar professionele hulpverleners in het algemeen maatschappelijk werk zich de afgelopen decennia sterk terugtrokken in spreekkamers, waar gemotiveerde cliënten zich zelf aan moesten melden voor ondersteuning, neemt de sociaal werker in de wijk veel meer zelf het initiatief om met burgers in contact te komen, ook op basis van signalen van andere organisaties en van burgers. Het signaleren gebeurt vaak in samenwerking met de ketenpartners in de regio. Er zijn talloze voorbeelden van sociale teams, al dan niet wijkgericht ingezet, die hiervoor een goede uitgangspositie bieden. Het gaat om signalen rond een specifiek cliëntsysteem, bijvoorbeeld een alleenstaande, een gezin, een koppel, een familie of huisgenoten. Deze signalen worden samen met samenwerkingspartners geanalyseerd, bijvoorbeeld in een casusoverleg, en zo nodig wordt ingegrepen.

> **Voorbeeld signaleren micro-/mesoniveau: ketenaanpak huiselijk geweld**
> In gemeenten en regio's zijn diverse samenwerkingsverbanden huiselijk geweld gevormd. Deze vormen van samenwerking zijn veelal vastgelegd in convenanten. Hierin staat precies omschreven op welke manier de ketenpartners signaleren en hoe zij gezamenlijk te werk gaan als er een signaal binnenkomt van huiselijk geweld. Signaleren gebeurt onder andere in het buurtcentrum, het Centrum voor Jeugd en Gezin (CJG) of op een school, maar ook bij een lokale vrouwenorganisatie, jongerenvereniging of sportclub. Het signaal wordt vervolgens besproken in het ketenoverleg en taken worden verdeeld. Uitgangspunt is dat het hele gezin hulp krijgt: zowel dader, slachtoffer als getuigen (meestal de kinderen).

Gebiedsgericht sociaal werk combineert ook signalen op micro- en mesoniveau: het gaat om enkele individuele burgers bij wie zo mogelijk de kracht uit hun sociale omgeving en de buurt wordt betrokken (Scholte & Sprinkhuizen, 2010).

Signaleren als professiegebonden taak

In de derde invalshoek wordt signaleren beschreven als een professiegebonden taak waarbij de nadruk ligt op het signaleren van tekorten of gebreken bij andere organisaties en in wet- en regelgeving. In het competentieprofiel voor de professional onder de Wmo (Actieprogramma professionalisering, MOgroep, 2012) wordt signalering als een van de tien kerncompetenties beschreven onder de noemer 'doorziet verhoudingen en anticipeert op veranderingen':

> *'De sociaal werker heeft een antenne voor sociale verhoudingen tussen burgers en organisaties. Hij signaleert en herkent mogelijke kansen, problemen en tekorten, waardoor hij preventief en proactief samen met burgers hierop kan inspringen. Hij agendeert tekorten en kansen bij de juiste partijen. [...]'*

Hiernaast hebben de verschillende beroepsgroepen binnen het sociaal werk eigen beroeps- en competentieprofielen waarin signalering wordt beschreven. Sociaal raadslieden, opbouwwerkers en maatschappelijk werkers besteden hier uitgebreid aandacht aan, maar ook binnen de profielen van bijna alle andere sociaal-agogische beroepen en verwante terreinen (sociaal-cultureel werker, jongerenwerker, ouderenadviseur, wijkverpleegkundige) heeft signaleren een plek. Enkele voorbeelden:

1 Waarom signaleren?

De sociaal raadsman heeft, aldus het beroepsprofiel, goed zicht op wat er op sociaal-juridisch gebied speelt vanuit zijn contacten met cliënten en voorzieningen. Zo kan hij (onbedoelde) uitwerkingen en de mogelijk negatieve samenloop van wetgeving en beleid signaleren. Hij attendeert leidinggevenden en beleidsmakers hierop, en wijst hen op het ontstaan van risicogroepen. Het aan het licht brengen van maatschappelijke knelpunten en kwesties en deze neerleggen bij verantwoordelijke instanties behoort expliciet tot de professie van sociaal raadslieden. Het doel is om zaken en knelpunten waarmee sociaal raadslieden worden geconfronteerd in een breder perspectief aan te pakken (Liefhebber, 2006).

Ook in het competentieprofiel van de opbouwwerker (Gerrits & Vlaar, 2010) wordt signaleren tot de centrale vakcompetenties gerekend. De opbouwwerker analyseert op een systematische wijze de betekenis en achtergrond van vraagstukken in zijn werkgebied en plaatst deze in een maatschappelijke context. Hij hanteert daarbij een scala aan onderzoeksinstrumenten, zoals deskresearch, interviews, *community self surveys* enzovoort. Hij maakt de gesignaleerde behoeften op grond van deze bredere analyses ook zichtbaar en collectief. Daarmee is signaleren en agenderen een van de kerntaken van de opbouwwerker. Hij 'pendelt daarbij tussen de werelden van de straat, beleid en instellingen en weet deze constructief te verbinden' (Gerrits & Vlaar, 2010: 45).

In het profiel van de sociaal pedagogisch hulpverlener (SPH) is signaleren en initiëren een kerncompetentie als 'organisatiegebonden taak'. Signalering is dus niet de individuele verantwoordelijkheid van sociaal werkers, maar van de organisatie. 'Het signaleren van kwetsbare groepen en (maatschappelijke) risicofactoren en deze bij relevante partijen met visie en vakmanschap onder de aandacht brengen en daarbij passende preventieve activiteiten initiëren' is uitdrukkelijk onderdeel van het werk van de SPH'er (LOO SPH, 2009).

Ook in het profiel van de maatschappelijk werker (Scholte & Vlaar, 2005) valt signalering onder de organisatiegebonden taken. Het gaat erom dat de maatschappelijk werker vanuit zijn ervaringen met cliënten vraagstukken en tekorten zichtbaar maakt en deze aan de orde stelt bij de eigen organisatie, bij andere verantwoordelijke instellingen of bij de overheid. In het *Beroepsprofiel* van de beroepsvereniging NVMW (Jagt, 2006) wordt de link met preventie meer benadrukt dan in het hiervoor genoemde profiel. Signaleren valt hier, samen met 'collectieve belangenbehartiging', 'preventie' en 'coachen en begeleiden van vrijwilligers en netwerkgroepen', onder kerntaak 2: werken voor cliënten en potentiële cliënten. Bij deze kerntaak draait het globaal om collectieve probleemoplossing en preventie.

Uit de verschillende profielen zijn drie onderwerpen af te leiden waarop signalering betrekking heeft (Scholte & Vlaar, 2005: 43):

1.3 Signaleren vanuit drie invalshoeken

- Onvolkomenheden in wet- en regelgeving en uitvoeringsprocedures, met name waar deze onbedoeld anders en onbillijk uitwerken voor (groepen) cliënten.
- Onvolkomenheden in de dagelijkse (informele) gang van zaken in de eigen organisatie en andere organisaties. Het gaat dan niet alleen om officiële en formele kwesties, maar ook om de kloof tussen deze kwesties en wat er, soms met de beste bedoelingen, in de praktijk gebeurt.
- Wetgever, uitkeringsinstanties en maatschappelijke voorzieningen wijzen op het bestaan van duidelijke risicogroepen of op de dreiging van het ontstaan ervan, met als gevolg het (dreigend) verlies van effectief contact en effectieve communicatie met burgers.

In het beroepsprofiel van de maatschappelijk werker (Jagt, 2006) wordt de aandacht gevestigd op het problematiserende karakter dat in signalering bij sociaal werk schuilt:

'Signalering wordt doorgaans beschreven als het aantonen van tekorten op meso- en macroniveau en de gevolgen die deze tekorten hebben, met in het verlengde daarvan het formuleren van aanbevelingen of verbeteradviezen. Maar zou signaleren niet vaker ook benut kunnen worden om positieve veranderingen van beleid of van eigen interventies aan te tonen en zo in maatschappelijke zin gewenste zaken te bekrachtigen? De probleemgerichtheid van maatschappelijk werkers kan zich tegen hen keren als ze dat nalaten.'

De profielen en codes maken duidelijk dat sociaal werkers een opdracht en een professiegebonden taak hebben om ook op maatschappelijk niveau (meso- en macroniveau) te signaleren als er zaken niet goed gaan (of als er zich juist kansen aandienen). Het gaat erom dat signalen van individuele cliëntsystemen bij elkaar gelegd, geanalyseerd en opgepakt worden als collectief. Acties die hieruit voortvloeien zijn bijvoorbeeld voorlichting door vrijwilligers, een activiteit in het buurthuis, een maatjesproject, preventief groepswerk of een andere collectieve voorziening. Het gaat bij signaleren op macroniveau dus niet om acties gericht op Karel, het echtpaar Janssen, het gezin De Vries, de huisgenoten van nummer 14 of de familie Aydogan en het netwerk van deze burgers. Het gaat om een groep van burgers die met elkaar verbonden zijn door een gedeelde positie in de samenleving of een gedeeld probleem, bijvoorbeeld ouderen met een laag inkomen of tienermoeders zonder startdiploma.

Signaleren op microniveau	Signaleren op meso-/macroniveau
Mohammed (53) is erg gestrest de laatste tijd: hij dreigt zijn baan te verliezen.	De fabriek in de deelgemeente gaat dicht en vijftig medewerkers dreigen op straat te komen.
Lonneke (18) heeft net een baby gekregen en voelt zich af en toe erg alleen.	Tienermoeders in de deelgemeente missen een plek om andere tienermoeders te ontmoeten en ervaringen uit te wisselen.
Twee kinderen van 5 en 7 jaar oud van het gezin Janssen hebben last van kortademigheid sinds het gezin een hond heeft.	Een deel van de bewoners van een aantal flats heeft last van kortademigheid sinds er op de snelweg naast de flats een extra baan is bijgekomen.
Shirley (34) heeft veel verdriet van de scheiding van haar echtgenoot. Ze weet niet met wie ze hierover kan praten.	Er wordt nauwelijks gebruikgemaakt van de cursus 'Verwerken van echtscheiding' in gemeente X.
Hülya (16) spijbelt de laatste tijd erg veel. Ze is bang dat ze binnenkort moet trouwen met haar neef.	De school vermoedt dat meisjes die zich gedwongen voelen om te trouwen hier niet over durven te praten op school.
Mevrouw Van Gorkum (79) voelt zich sinds het overlijden van haar echtgenoot erg eenzaam.	De thuiszorg merkt op dat na het overlijden van de partner veel ouderen vervallen in eenzaamheid.

1.4 Belemmeringen bij signaleren in de praktijk

Belemmeringen in de professie

Al in de jaren negentig van de vorige eeuw wezen verschillende auteurs erop dat signaleren in de praktijk nauwelijks vorm krijgt (Van Riet, 1994; Sluiter, Van Zijderveld & Traas, 1997). Zij hebben het dan voornamelijk over maatschappelijk werk. Van Riet merkt op dat het belang van signalering wel onderkend wordt in grote delen van het (maatschappelijk) werkveld, maar dat er verder weinig van terechtkomt. Dit wijt ze aan de fixatie van maatschappelijk werkers op individuele hulpverlening. Werkers gaan voorbij aan tekorten in elementaire voorwaarden voor sociaal functioneren. Als oorzaak hiervan noemt Van Riet het gegeven dat werkers zich niet opgewassen voelen tegen de massale problematiek als gevolg van het gevoerde overheidsbeleid: veranderingen dan wel verslechteringen in het socialezekerheidsstelsel. Zij signaleren deze problematiek wel, maar ondernemen geen actie. Sluiter, Van Zijderveld en Traas pleitten als gevolg van de beperkte

1.4 Belemmeringen bij signaleren in de praktijk

uitvoeringspraktijk voor een aparte kerntaak signalering, naast begeleiding en belangenbehartiging, om het probleem te tackelen. Dit heeft – zoals hiervoor al bleek – geen navolging gekregen. Wel zijn er sindsdien verschillende publicaties verschenen om – met name – maatschappelijk werk in de praktijk meer handvatten te geven.

De eerste druk van *Opgelet!* verscheen in 1996 (Scholte & Van Splunteren). Kort daarna verscheen het boek *Signalering in het maatschappelijk werk* van Sluiter, Van Zijderveld en Traas (1997). Hoewel ondertussen verschillende generaties maatschappelijk werkers opgeleid zijn met de basisprincipes van 'systematisch signaleren' en door het NIZW ook ondersteuning is geboden bij het vormgeven ervan in de praktijk (Moerman, 1999), is in 2007 weer geconstateerd dat de praktijk achterblijft op dit terrein. Een studie van studenten maatschappelijk werk en dienstverlening van hogeschool Windesheim liet anno 2007 wederom zien dat systematisch signaleren nauwelijks van de grond is gekomen. De belangrijkste reden die uit dit onderzoek naar voren komt is het ontbreken van visie en beleid vanuit de instellingen. Bij andere vormen van sociaal werk, zoals het opbouwwerk en het sociaal raadsliedenwerk, heeft signalering als professiegebonden taak wel een lange traditie. Het opbouwwerk kent signalering vanuit bijvoorbeeld de stadsvernieuwing en het gepolitiseerde sociaal werk uit de jaren zeventig en tachtig van de vorige eeuw. Hier was het sterk verweven met belangenbehartiging. De belangenbehartigende positie van het opbouwwerk wordt echter sinds de jaren negentig veelal beschouwd als een niet meer passende vorm van samenlevingsopbouw. Bovendien is de vorm van sociaal werk dat gericht is op samenlevingsopbouw sterk projectmatig van opzet geworden. Hierdoor is de grondige kennis van buurten en trends onder bevolkingsgroepen bij de beroepsgroep verwaterd.

De tweede uitzondering is het sociaal raadsliedenwerk. Raadslieden hechten van oudsher sterk aan signalering en doen er ook veel aan. Signalering betekent hier vooral het opsporen en agenderen van tekorten in regelingen, voorzieningen en wetten. Door het complexer worden van de maatschappij en de steeds ingewikkelder wet- en regelgeving, is zowel de materiële dienstverlening als deze vorm van signaleren bijna een specialistische taak geworden. Door samenwerking tussen de verschillende groepen sociaal werkers en goede en zorgvuldige signalering kan meer invloed uitgeoefend worden op de landelijke en lokale overheid. Casuïstiek kan signalen aansprekend maken – een niet te onderschatten beïnvloedingsfactor om de verantwoordelijke ambtenaren daadwerkelijk in beweging te krijgen om zaken te veranderen.

Samengevat: zowel bij instellingen als bij sociaal werkers zelf kunnen belemmeringen spelen om de taak 'signaleren' op meso- en macroniveau uit te voeren. Het kan zowel gaan om de houding van de sociaal werker als om een gebrek aan vaardigheden en kennis. Dit zijn echter vaardigheden en kennis die de sociaal werker zich eigen kan maken. Daarnaast is voldoende deskundigheid nodig bij stafmedewerkers en managers om signalering boven de individuele inspanningen van de sociaal werkers uit te tillen. Alleen dan is het mogelijk om greep te krijgen op de achterliggende structurele oorzaken van maatschappelijke kwesties in de beroepspraktijk van het sociaal werk en deze ook daadwerkelijk op het juiste niveau en aan de juiste personen te adresseren.

Verankeren in beleid

Gemeenten hebben de regierol in de uitvoering van de Wmo. Signaleren – in de betekenis van het collectiveren van individuele problematiek – komt in de verschillende Wmo-prestatievelden terug. Of het nu gaat om het bevorderen van sociale samenhang en leefbaarheid, het bevorderen van deelname aan het maatschappelijk verkeer van mensen met een beperking, een chronisch psychisch of psychosociaal probleem of om de aanpak van huiselijk geweld; bij alle prestatievelden is systematisch signaleren van knelpunten en kansen in de samenleving van belang en kunnen sociaal werkers een sleutelrol spelen.

Voor de kwaliteit van signaleren in de praktijk is het goed als signalering breed wordt opgepakt en het door de verschillende instellingen en beroepsgroepen in samenhang wordt vormgegeven. Immers, het versterkt de reikwijdte en de kracht van signaleren als meerdere instellingen kunnen aangeven en onderbouwen waar het misgaat in de lokale samenleving. Gemeenten kunnen de voorwaarden scheppen door organisaties aan te moedigen samen te werken en door het ondersteunen en faciliteren van samenwerkingsverbanden op de verschillende prestatievelden.

Gemeenten hebben bovendien de in de Wmo vastgelegde verplichting om periodiek 'horizontale verantwoording' af te leggen over hun gevoerde beleid en de resultaten daarvan aan hun burgers. Deze horizontale verantwoording kan zeer goed worden benut om de lokale signaleringsfunctie op meso- en macroniveau een stevige impuls te geven, iets waar sociaal werkers hun organisaties en opdrachtgevers in het kader van hun signaleringstaak nadrukkelijk op kunnen wijzen.

Belemmeringen om te signaleren op meso- en macroniveau

Sociaal werker

- Houding/overtuigingen van de sociaal werker:
  - Fixatie op individuele problematiek: 'Ik ben er voor mijn cliënten en niet voor de samenleving.'
  - Geen geloof in structurele veranderingen in de samenleving: 'Er is toch niets aan te doen.'
  - Twijfelen aan eigen legitimiteit: 'Wie ben ik om daar een oordeel over te hebben?'
  - Te druk bezig met andere zaken: 'Ik heb nu al te veel aan mijn hoofd, ik kan dit er niet ook nog bij hebben.'

- Vaardigheden van de sociaal werker:
  - Geen verbanden leggen tussen individuele problematiek van burgers.
  - Maatschappelijke ontwikkelingen niet vertalen naar de praktijk en andersom.

- Kennis van de sociaal werker:
  - Onvoldoende kennis van maatschappelijke ontwikkelingen.
  - Geen inzicht in (snel veranderende) wet- en regelgeving in het sociale domein.

Instellingsbeleid

- Het ontbreken van waardering of prioriteit voor de taak signaleren.
- Geen visie of beleid om ervoor te zorgen dat sociaal werkers systematisch kunnen signaleren:
  - Sociaal werkers niet voldoende tijd geven om de taak signaleren uit te kunnen voeren.
  - Geen ondersteuning van sociaal werkers om signaleringsonderzoek uit te voeren.

Gemeentelijk beleid

- Geen zicht op, of het ontbreken van waardering of prioriteit voor, de signaleringstaak van het sociaal werk.
- Geen visie of beleid waaruit de signaleringstaak van sociaal werkers voortvloeit.
- Betaling/afrekening aan de hand van het aantal cliënten en niet ten aanzien van preventie of aanpak van collectieve problematiek.

1.5 Tot slot

We hebben gezien dat signaleren in het sociaal werk goed past bij de nieuwe manier van werken in het sociaal werk, die uitgaat van empowerment en gestoeld is op Welzijn Nieuwe Stijl. De taak signaleren kan op verschillende niveaus worden uitgewerkt en langs verschillende invalshoeken worden benaderd. Er is ook geconstateerd dat signaleren in een groot deel van het werkveld maar mondjesmaat wordt ingevuld, zowel door sociaal werkers als door de organisaties waar zij werken.

In het volgende hoofdstuk wordt gekeken hoe signaleren in de praktijk handvatten kan krijgen.

2 Handen en voeten geven aan signaleren

In het vorige hoofdstuk is geconstateerd dat sociaal werkers en organisaties voor welzijn en maatschappelijke dienstverlening signaleren in de praktijk nog weinig vorm en inhoud geven. De beschrijvingen uit de beroepsprofielen en competentieprofielen zijn algemene omschrijvingen van wat signaleren inhoudt, maar het ontbreekt aan duidelijke richtlijnen hoe signalering uitgevoerd kan worden. Deze richtlijnen komen aan bod in hoofdstuk 3. Eerst zullen we in dit hoofdstuk het begrip signaleren zelf verder uitwerken.

2.1 Omschrijving van het begrip 'signaleren'

Signaleren in het sociaal werk houdt in: het opvangen van en betekenis toekennen aan gebeurtenissen binnen en buiten de beroepspraktijk, die de sociaal-maatschappelijke omstandigheden van groepen burgers, zowel positief als negatief, beïnvloeden. Signaleren is – direct of indirect – gericht op verbetering van de situatie van kwetsbare burgers. Het gaat zowel om burgers die cliënt zijn als om burgers die dat niet zijn. Signaleren kan ook betrekking hebben op groepen krachtige burgers; zij kunnen immers een bijdrage leveren aan de ondersteuning van groepen zwakkere burgers.

Signaleren is een cyclisch proces, dat systematisch uitgevoerd wordt en de volgende activiteiten omvat: signalen verzamelen en opvangen, besluiten, analyseren, besluiten over actie, actie ondernemen en evalueren.

Deze algemene formulering kan nader gespecificeerd worden. De situatie van cliënten hangt samen met factoren die spelen op microniveau (individu, samenlevingsverbanden), mesoniveau (leefomgeving, voorzieningen) en macroniveau (structuren, wetten, maatschappelijke trends, normen en waarden). De signalen kunnen effect sorteren op een van de drie niveaus, op een combinatie van twee daarvan of op alle niveaus tegelijk.

Microniveau

Cliënten kunnen direct profiteren van de signalen. Denk bijvoorbeeld aan betere informatie over de aanpak van bepaalde zaken, zoals een folder met de regels voor het aanvragen van bijzondere bijstand of mogelijke ondersteuning om een 'Huis van de Buurt' (buurthuis 'nieuwe stijl') te exploiteren. Andere zaken waarvan cliënten direct kunnen profiteren zijn het beschikbaar stellen van zelfhulpmethoden of publieke campagnes over onderbenutting van financiële voorzieningen.

Mesoniveau

Signalen kunnen ook op het voorzieningenniveau effect hebben. Als het goed is, leidt signaleren dan tot verbetering van de zorg- en dienstverlening aan cliënten. Signalen kunnen bijvoorbeeld het voorzieningenniveau van een bepaalde regio bekritiseren. Het is dan een vinger aan de pols van het beleid van derden, door het signaleren van misstanden, gebrekkige samenwerking, leemten in het aanbod enzovoort.

Macroniveau

Signalen kunnen ook betrekking hebben op het overheidsbeleid en op heersende opvattingen over waarden en normen. Zeker als het gaat om extreme zaken kan het heel effectief zijn om de politiek in te lichten over misstanden. Denk bijvoorbeeld aan de Kamervragen die gesteld zijn naar aanleiding van signalen over een verstandelijk gehandicapte vrouw die in een tehuis de hele dag vastgebonden zat wegens een tekort aan personeel.

2.2 Wat signaleer je?

In dit boek gaat het over signaleren als het collectiveren van individuele problematiek. Een algemene beschrijving van deze vorm van signaleren is de volgende:

> Een signaal is een **verandering** of **gebeurtenis** die mogelijk een **negatieve** of juist **positieve invloed** heeft op de **sociale omstandigheden** van in het bijzonder **kwetsbare burgers**.

Wat wordt er bedoeld met sociale omstandigheden? Dit is de situatie waarin mensen zich in het maatschappelijk verkeer bevinden. Bijvoorbeeld:
- financiële situatie
- woon- en leefsituatie
- gezondheid (zowel psychisch als lichamelijk)
- intermenselijk contact
- werksituatie
- veiligheid
- identiteit
- dagbesteding

2.2 Wat signaleer je?

Bij signalen gaat het om zowel negatieve als positieve invloed. Bij negatieve invloed kan het gaan om problemen, sociale misstanden, leemtes of hiaten in beleid. Bij *problemen* bedoelen we concrete sociale kwesties waarin zich mogelijk knelpunten voordoen of gaan voordoen. Bijvoorbeeld:
- Financiële situatie: jongeren in het stadsdeel kunnen hun hoge telefoonrekeningen niet meer betalen.
- Woon- en leefsituatie: veel afval in de portiek van een flat.
- Gezondheid: gebrek aan gezonde voeding op scholen in het dorp.
- Intermenselijk contact: gebrek aan ontmoetingsmogelijkheden voor ouderen in een flat.
- Werksituatie: dreigend faillissement van een van de grootste werkgevers in de buurt.
- Veiligheid: een groep jongens in een wijk intimideert meisjes die 's avonds over straat gaan.
- Identiteit: een grotere groep jongeren in de wijk voelt zich gediscrimineerd, heeft geen vertrouwen meer in scholen en organisaties en dreigt uit te vallen en af te haken.
- Dagbesteding: dreigende sluiting van de sociale werkplaats.

In de woorden van de beroepscode van het maatschappelijk werk gaat het om dat 'wat belemmert dat personen tot hun recht komen' (NVMW, 2010).

Maar signaleren gaat verder. Zoals in de opleidings- en beroepsprofielen voor de verschillende sociale professionals te zien is, gaat het ook om *sociale misstanden* en *leemtes of hiaten in beleid*. Bij sociale misstanden doelen we vaak op situaties van onrechtvaardigheid. Deze situaties worden door de betrokkenen misschien niet direct als een probleem ervaren, maar kunnen wel als onrechtvaardig beschouwd worden. Bijvoorbeeld:
- De vrouwen in de buurtsupermarkt blijken minder betaald te krijgen dan de mannen voor hetzelfde werk.
- De vrijwillige brandweer wijst vrijwilligers af die een donkere huidskleur hebben.
- Een groep vrijwilligers in de buurt vraagt ouderen buitensporig veel vergoeding voor het doen van een karweitje.

Sociale misstanden kunnen ook betrekking hebben op organisaties (zowel professionele als vrijwilligersorganisaties) die hun taken niet goed verrichten of op de overheid. De organisatie die de dienst zou moeten leveren, blijft in gebreke. Bijvoorbeeld:
- De sociale dienst betaalt de uitkeringen bijna iedere maand te laat uit.
- Het door het gezondheidscentrum ontwikkelde voorlichtingsmateriaal is niet goed te begrijpen voor lager opgeleiden.

- Het nieuwe gebouw van de scouting is niet toegankelijk voor mensen in een rolstoel vanwege de hoge drempel bij de deur.

Bij *leemtes of hiaten in beleid* gaat het om organisaties, instanties of overheidsinstellingen die in hun beleid of in hun uitvoering zaken laten liggen. Dat kan betekenen dat een bepaalde doelgroep tussen wal en schip valt of dat bepaalde sociale kwesties niet worden opgepakt door instanties. Bijvoorbeeld:
- Minder begaafde jongeren die niet in staat zijn zelfstandig een baan te vinden en te houden, komen niet in aanmerking voor ondersteuning omdat hun IQ daarvoor net te hoog is.
- Lesbische, homo-, bi- en transgenderjongeren (LHBT-jongeren) die suïcidaal zijn, worden door de ggz verwezen naar vrijwilligers van de LHBT-belangenorganisatie, die niet over de competenties beschikken om psychische hulp te verlenen.
- Voor heterostellen uit traditionele migranten- of vluchtelingenfamilies die door het bekend worden van hun geheime relatie het slachtoffer dreigen te worden van eergerelateerd geweld, bestaat geen veilige plek waar zij samen terechtkunnen, omdat de opvang gescheiden is naar sekse.

Daarnaast gaat het om sociale kwesties waarin in principe geen knelpunten zijn, maar waarin het juist gaat om een positieve invloed die nog niet benut wordt. Het gaat in andere woorden om *onbenutte kansen* en *mogelijkheden*. Er ligt een onbenut potentieel om kwetsbare burgers beter tot hun recht te laten komen. Bijvoorbeeld:
- Een Marokkaanse jongerenorganisatie heeft een aantal succesvolle voorlichtingsavonden georganiseerd over relatievorming en seksualiteit. Ze zou meer islamitische jongeren willen bereiken, maar weet niet hoe ze dit moet doen.
- In een wijk wonen verschillende vrouwen die uit een mishandelingsrelatie zijn gevlucht en graag contact zouden willen met lotgenoten, maar niet weten hoe ze dit moeten regelen.
- Een groep bevriende, hoogopgeleide, succesvolle vrouwen van Turkse afkomst ziet dat de jonge generatie Turkse meisjes worstelt met dezelfde vragen rondom partnerkeuze en werk als zij hebben gedaan. Zij willen hun ervaringen graag delen met de jongere generatie, maar ze zoeken naar een manier om dit aan te pakken.

Pas in tweede instantie, als de signalen 'gewogen' worden, krijgen zij betekenis. In het beslismodel van signaleren (zie hoofdstuk 3) vindt de weging van de signalen op twee momenten plaats, zo veel mogelijk aan de hand van vooraf geformuleerde criteria.

2.3 Bij wie signaleer je?

Signaleren is gericht op verbetering van de situatie van burgers. Omdat het sociaal werk zich allereerst richt op kwetsbare burgers, is het logisch om de taak signaleren in het bijzonder aan te wenden in het belang van deze groep. Maar wat verstaan we eigenlijk onder 'kwetsbare burgers'?

Kwetsbare burgers

Wat iemand kwetsbaar maakt is vaak een optelsom van diverse factoren (Van Dam & Vlaar, 2010), hiervoor bestaat geen eenduidige definitie. Ook een actieve burger kan op een bepaald moment een kwetsbare burger zijn, en andersom. Wel is er een aantal eigenschappen (Van Dam & Vlaar, 2010) te benoemen:

- opeenstapeling van problemen of beperkingen;
- gevoelens van machteloosheid en wantrouwen;
- verstoorde communicatie;
- geen of beperkte toegang tot hulpbronnen;
- beperkt sociaal netwerk;
- disbalans tussen draagkracht en draaglast;
- afhankelijkheidssituatie;
- laag zelfbeeld.

Deze kwetsbaarheid kan tijdelijk of langdurig zijn. Bij groepen die in een kwetsbare positie verkeren zie je vaak meerdere van de volgende kenmerken terug:

- een lichamelijke beperking;
- chronisch psychische problemen;
- een verstandelijke beperking;
- psychosociale problemen;
- chronische materiële problemen en schulden;
- lichte opvoed- en opgroeiproblemen;
- betrokkenheid bij huiselijk geweld;
- dreigende uitstoting wegens seksuele oriëntatie en/of genderidentiteit;
- meervoudige problematiek (waaronder verslaving).

Krachtige of weerbare burgers, en burgers die op het moment niet kwetsbaar zijn, kenmerken zich juist doordat zij gemakkelijk hun weg vinden naar instanties en instituties: zij signaleren problemen zelf makkelijker, organiseren zich daarop en pakken problemen eerder aan. Zij zijn in staat om hun eigen hulpbronnen hierbij aan te boren; hulpbronnen die juist kwetsbare burgers niet hebben of niet weten in te zetten.

Burgers met een gemeenschappelijk kenmerk

In dit boek gaat het om sociale kwesties die spelen voor meer dan één cliëntsysteem en meer dan één burger. Het gaat om een signaal dat betrekking heeft op een groep burgers met een gemeenschappelijk kenmerk. Bijvoorbeeld:
- ouderen met een laag inkomen;
- tienermoeders zonder startdiploma;
- gezinnen met twee of meer jonge kinderen;
- lichamelijk gehandicapte jongeren;
- jongvolwassenen van migrantenafkomst met een verstandelijke beperking;
- werklozen;
- weduwnaars jonger dan zeventig jaar.

Het gaat om een groep burgers die direct geraakt wordt door het probleem, de sociale misstanden, hiaten of leemtes of juist de kansen of mogelijkheden die je hebt gesignaleerd. Vaak delen deze burgers een bepaalde positie in de samenleving. Dat kan van tijdelijke duur zijn, bijvoorbeeld omdat ze allemaal kinderen hebben in de basisschoolleeftijd, naar dezelfde sportschool gaan, hetzelfde park bezoeken of in dezelfde fabriek werken. Het kan ook voor lange duur zijn, bijvoorbeeld omdat ze een lichamelijke handicap hebben of allemaal vrouw en Somaliër zijn. Die laatste groep zal zich meer met elkaar verbonden voelen dan de eerste: hun positie heeft meer invloed op hun *identiteit*. Aspecten die onze identiteit bepalen zijn onder andere sekse, etniciteit, culturele afkomst, seksuele voorkeur, genderidentiteit, opleidingsniveau, sociaaleconomische status, leeftijd, levensbeschouwing, handicap, chronische ziekte, nationaliteit en gezinssituatie.

2.4 Waar signaleer je?

Signaleren doe je de hele (werk)dag door op verschillende plekken en op verschillende momenten. Bijvoorbeeld:
- tijdens huisbezoeken aan cliënten;
- in de gesprekken met cliënten in de spreekkamer;
- tijdens een activiteit in het buurthuis, op straat of op het plein;
- tijdens contacten met buurtbewoners in de wijk waarin je werkt;
- bij een bezoek aan een andere instelling;
- bij een bezoek aan een vrijwilligersorganisatie;
- terwijl je door de wijk fietst;
- tijdens het systematisch doornemen en analyseren van registratiegegevens.

Daarnaast pik je ook signalen op als je een onderzoeksrapport leest, bij een gemeenteraadsvergadering op de publieke tribune zit, je een actualiteitenprogramma bekijkt, de krant leest, nieuwswebsites bekijkt of als je actief bent op sociale

2.4 Waar signaleer je?

media zoals Facebook en Twitter. Signalen kun je dus overal oppikken. Gebeurtenissen die mogelijk een negatieve (of juist positieve) invloed hebben op de sociale omstandigheden van kwetsbare burgers zijn immers overal om je heen te vinden; je zult daarom niet alleen tijdens je werktijd signalen tegenkomen, maar ook in je vrije tijd. Het is als het ware een *sociale bril* die je niet meer af kunt zetten. De kunst is daarom om signalen systematisch te verzamelen. Hoe je dit doet wordt uitgelegd in hoofdstuk 3.

Om je signaalfunctie enigszins af te bakenen, ligt het voor de hand om je als sociaal werker te richten op je werkgebied. Je prioriteit ligt in het gebied waarin je werkt en waarin jouw organisatie actief is. Dat is meestal de buurt, de wijk, het stadsdeel, de gemeente of de regio waarin je werkt. Maar je 'werkgebied' kan ook iets anders zijn, bijvoorbeeld:
- een doelgroep (jongeren, psychiatrische patiënten, hoogbejaarden);
- een vindplaats (school, de moskee, het Cruyff Court);
- specifieke problematiek (veiligheid, spijbelgedrag).

Soms kom je signalen tegen die wellicht verder reiken dan je eigen werkgebied. Bijvoorbeeld:
- De werkwijze van Bureau Jeugdzorg in jouw regio zoals vastgelegd in (landelijk vastgestelde) protocollen, sluit niet aan bij slachtoffers van eergerelateerd geweld.
- In de nationale wetgeving is vastgesteld dat je verplicht bent je te laten steriliseren als je van geslacht verandert (sterilisatie-eis voor transgenders).
- Door veranderingen in de normen van bijzondere bijstand en de economische crisis vindt een grote toeloop op de voedselbank plaats.

Je kunt deze signalen op lokaal niveau aanpakken, dat kan soms helpen, maar als je structureel zaken wilt veranderen is er meestal meer nodig. Vaak zijn de lokale partijen waar je mee te maken hebt, zoals een lokale vestiging van Bureau Jeugdzorg of een ziekenhuis, niet in de positie om te beslissen en de situatie structureel te verbeteren: zij moeten zich bijvoorbeeld houden aan landelijke vastgestelde protocollen of wetgeving. Het ligt daarom voor de hand om het signaal op te pakken met een organisatie met landelijke invloed, bijvoorbeeld:
- een kenniscentrum;
- een lectoraat van een hogeschool;
- een universiteit;
- een (landelijke) belangenorganisatie, bijvoorbeeld de MOgroep of de Vereniging Nederlandse Gemeenten;
- landelijk werkende cliëntenplatforms;
- de Nationale ombudsman;
- een politieke partij;
- een ministerie.

2.5 Met wie signaleer je?

Signaleren is een taak van het sociaal werk, maar je doet dit als sociaal werker niet alleen. Je opereert samen met andere partners. Er zijn verschillende partijen die een sociaal werker kan betrekken bij het proces van systematisch signaleren:

- het 'professionele veld': ketenpartners als wijkverpleegkundigen, politiefunctionarissen, huisartsen, ggz-psychologen, GGD-artsen en -verpleegkundigen, thuiszorgmedewerkers, docenten, leerlingbegeleiders en andere professionals;
- de *civil society*: cliënten- en patiëntenorganisaties, lotgenotengroepen, zelforganisaties (zoals migrantenorganisaties, vrouwenorganisaties, homobelangenorganisaties en ouderenorganisaties), (sport)verenigingen, een Wmo-platform of -overleg, adviesraden (zoals wijkraden);
- burgers – in het bijzonder burgers in een kwetsbare positie (ook in de vorm van sleutelpersonen).

Als het goed is heeft het sociaal werk vanuit de dagelijkse praktijk met deze verschillende partijen contact. Er wordt samengewerkt vanuit verschillende samenwerkingsverbanden. Deze verbanden richten zich meestal op signaleren op microniveau. Maar ook bij het collectiveren van individuele problematiek heeft samenwerken een meerwaarde. Je kunt samen niet alleen makkelijker meer signalen verzamelen (twee zien meer dan één), je creëert ook meer mogelijkheden om vervolgens samen met dat signaal aan de slag te gaan.

Het betrekken van de civil society heeft een belangrijke meerwaarde in het proces van systematisch signaleren. De civil society staat vaak dichter bij kwetsbare burgers dan professionele organisaties. Door deze organisaties nauw te betrekken in het proces van signaleren, wordt dit van een verantwoordelijkheid van professionals omgezet in een verantwoordelijkheid van de hele samenleving. De verschillende organisaties in die civil society krijgen daarmee erkenning voor hun krachtige positie in de samenleving en hun mogelijkheden om verschil te maken in de verbetering van de positie van kwetsbare burgers.

Door (kwetsbare) burgers zelf actief te betrekken in het proces van systematisch signaleren, werk je vanuit empowerment. Wanneer burgers zelf participeren in activiteiten gericht op het verbeteren van hun omstandigheden, krijgen ze namelijk direct meer controle over die omstandigheden: het vergroot hun empowerment (Van Regenmortel, 2011).

Het kan ook zijn dat je samen met de overheid of met bedrijven optrekt in het proces van signaleren. Zeker wanneer het signaal betrekking heeft op een dienst die door de overheid wordt geleverd ligt dit voor de hand. Bijvoorbeeld wanneer de wachtlijsten van de sociale dienst steeds langer worden of het nieuwe gebouw van de gemeente niet toegankelijk is met een rolstoel. Ditzelfde geldt wanneer het signaal betrekking heeft op een bedrijf, bijvoorbeeld wanneer er klachten zijn over een bedrijf of wanneer een bedrijf juist een kans ziet om meer leer-werkplekken te creëren voor werkzoekenden uit de wijk.

Voor de duidelijkheid stellen we hier nogmaals dat signaleren en collectiveren van signalen niet alleen onder de verantwoordelijkheid valt van de sociaal werkers. Om signalen boven de dagelijkse praktijk uit te tillen en te vertalen in concrete zaken waaraan op doelgroep- of populatieniveau iets gedaan kan worden, is het van groot belang dat de organisatie zich hier hard voor maakt. Dit kan door middel van ondersteunend onderzoek en door het aanwenden van het (bestuurlijk) netwerk dat zorgt dat er iets met de signalen gebeurt.

2.6 Overzicht

Met signaleren bedoelen we het collectiveren van individuele problematiek. Hieronder staat in een overzicht wat dit inhoudt:

WAT signaleer je?
- een verandering

of
- een gebeurtenis

die ...
- een negatieve invloed heeft op sociale omstandigheden:
  - *problemen*
  - *sociale misstanden* (onrechtvaardige situaties)
  - *hiaten en leemtes in beleid*

of
- een positieve invloed heeft op sociale omstandigheden: *kansen en mogelijkheden*

Bij WIE signaleer je?
- onder *kwetsbare burgers*
- onder *groepen burgers*

WAAR signaleer je?
- huisbezoeken, buurthuis, spreekkamer, bezoeken aan andere instellingen, vrijwilligersorganisaties in de wijk, media enzovoort
- in je eigen werkgebied

Met WIE signaleer je?
- met andere professionals
- met de civil society (sportverenigingen, kerken, winkeliers)
- met burgers zelf

In dit hoofdstuk is het begrip 'signaleren' omschreven en het 'wat', 'bij wie', 'waar' en 'met wie' behandeld. In het volgende hoofdstuk wordt uitgelegd dat signaleren bestaat uit verschillende stappen, die meestal na elkaar uitgevoerd worden. We beschrijven daarin een procedure en een beslismodel om signalen op te vangen en te verwerken. Kortom: we beschrijven hoe je kunt signaleren.

3 Signaleren: systematisch en stapsgewijs

Waarom hebben jongeren steeds hogere schulden? Kunnen ze slecht met geld omgaan? Is het lastig om de verleidingen van dure merkkleding en flitsende smartphones te weerstaan? Of zijn school en studiekosten onevenredig hoog geworden? Of weten jongeren te weinig van budgetteren? En áls budgetteren onbekend is onder jongeren, wat kun je als sociaal werker daar dan aan doen? Het signaal doorgeven aan de scholen? Of juist aan de gemeente? Of moet je zelf cursussen budgetteren gaan aanbieden?

Dagelijks komen er vele signalen af op sociaal werkers. Zij nemen waar, beoordelen de signaalwaarde en besluiten of er iets mee moet gebeuren. Niet alle signalen zijn even belangrijk. Er moet een afweging gemaakt worden. Moet er iets mee gebeuren? Moet het verder onderzocht worden? Is het bij nader inzien toch niet zo relevant?

Nog te vaak blijkt het in het sociaal werk te ontbreken aan een systematische aanpak van signaleren. Dat betekent dat er geen systematische procedure is om gebeurtenissen of veranderingen die mogelijk een negatieve of juist positieve invloed hebben op de (sociale) omstandigheden van een groep kwetsbare burgers in kaart te brengen en stap voor stap aan te pakken. Wanneer een sociaal werker een probleem signaleert bij een bepaalde groep kwetsbare burgers, kan hij vaak zijn signaal nergens kwijt. Collega's hebben het te druk of weten niet wat ze ermee moeten. Het gevolg: de sociaal werker blijft zitten met het signaal, stopt het in een la en vergeet het. Over het volgende signaal maakt hij zich iets minder druk, en zo gaat het verder totdat zijn gevoeligheid is uitgedoofd.

In een ander geval probeert de medewerker er wel iets aan te doen, maar stuit hij op bergen werk. Wat betekent het signaal eigenlijk, waar verwijst het naar? Vragen die zich pas na enig onderzoek laten beantwoorden. Dat onderzoek kost tijd en is lastig. Daarom besluit hij om snel te reageren, zonder de betekenis van het signaal aan nader onderzoek te hebben onderworpen. Het gevolg is vaak dat het signaal niet goed doorkomt en uiteindelijk genegeerd wordt.

Systematisch signaleren betekent dat de organisatie bewust kiest voor deze taak. Dit betekent: voorwaarden scheppen om deze manier van signalering uit te voeren. Belangrijke voorwaarde is – naast het vrijmaken van tijd – het ontwerpen en invoeren van een *signaleringsprocedure*, zodat medewerkers duidelijk weten op welke manier zij worden geacht te signaleren. Met het expliciteren van de signalering in een procedure wordt niet alleen de gevoeligheid van medewerkers voor signalen vergroot, maar ook de bereidheid om aan signaleren mee te werken.

In dit hoofdstuk leggen we uit hoe dit signaleren in zijn werk gaat en welke stappen hierin genomen worden. We geven tevens per stap de te gebruiken middelen en technieken aan. In hoofdstuk 4 illustreren we de werking van de procedure met voorbeelden uit de praktijk van het sociaal werk. Hoofdstuk 5 ten slotte behandelt de voorwaarden die nodig zijn om systematisch te kunnen signaleren binnen een organisatie.

3.1 De zes stappen van de signaleringsprocedure

De procedure van signalering bestaat uit een cyclus van zes stappen met bijbehorende beslissingen (zie schema p. 41).

3.1.1 Stap 1 ▪ Signalen actief verzamelen

De eerste stap in deze procedure is om ervoor te zorgen dat signalen worden opgevangen en systematisch in kaart worden gebracht. Belangrijk voor de motivatie van sociaal werkers is om daarna feedback te geven over wat er met de signalen gebeurt, of (nog) niet gebeurt. Feedback geven aan medewerkers kan bijvoorbeeld door middel van berichtjes op intranet, via social media of tijdens periodiek overleg.

Signalen opvangen

Er zijn diverse manieren om signalen op te vangen. Deze worden hierna besproken. Het gaat zowel om bronnen binnen de eigen organisatie als om bronnen daarbuiten. Als de organisatie de bronnen goed benut, is de kans groot dat belangrijke signalen opgevangen worden.

A *Contacten met cliënten*
Wanneer je als sociaal werker contact hebt met een vaste groep cliënten, kun je in de contacten met je cliënten – of deze nu plaatsvinden bij de cliënt thuis, in het buurthuis, in de spreekkamer of op een andere locatie – signalen opvangen. In de cliëntcontacten kunnen je overeenkomsten opvallen: je ziet vergelijkbare problemen (of juist kansen of onbenutte mogelijkheden) waar een bepaald deel van je cliënten mee te maken heeft.

3.1.1 Stap 1 ▪ Signalen actief verzamelen

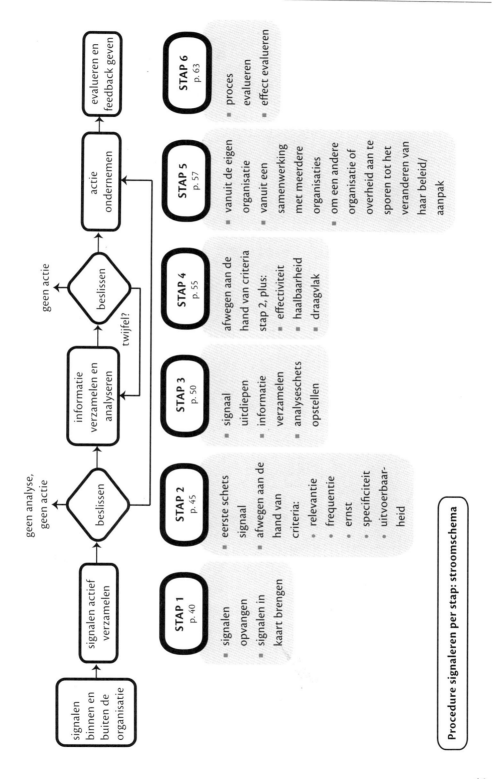

Procedure signaleren per stap: stroomschema

B *Op locatie*
Wanneer je in het buurthuis, het CJG, de school, de kantine van de sportclub, de Krajicek-playground of in het park bent, ontvang je uiteenlopende signalen over de sociale omstandigheden van kwetsbare burgers. Het valt je bijvoorbeeld op dat er nauwelijks mannen deelnemen aan de activiteiten in het buurthuis, de opvoedspreekuren nauwelijks bezocht worden, er steeds vaker gevechten uitbreken tussen de concurrerende voetbalteams of dat ouderen bepaalde stukken van het park vermijden omdat daar jongeren rondhangen.

C *Via (organisaties van) actieve burgers (civil society)*
Door regelmatig contact te houden met diverse cliënten- en patiëntenorganisaties, lotgenotengroepen en zelforganisaties, blijf je op de hoogte van wat er onder bepaalde groepen burgers speelt. Bezoek bijvoorbeeld af en toe de discoavond van de jongerenorganisaties, de voorlichtingsavond van de patiëntenvereniging voor mensen met een bepaalde spierziekte, de volksdansavond van de Bulgaarse vereniging, de open avond van de Afghaanse zelforganisatie, vraag of je eens mag aanschuiven bij de vergadering van de cliëntenraad van de sociale dienst of doe mee met de picknick van de ouderenorganisatie. Door een goed contact verlaag je niet alleen de drempel om bij problemen aan te kloppen, maar ontvang je ook signalen.
   Naast organisaties zijn er ook de niet-georganiseerde en informele netwerken. Denk bijvoorbeeld aan de jongeren in de buurt die zich op zaterdagavond verzamelen bij de friettent of de moeders die elkaar met de kinderen ontmoeten in het park.

D *Via (sociale) media*
Het opvangen van signalen buiten de organisatie gebeurt ook door *alert* te zijn. Via televisie, krant, regionale bladen, gemeentelijke politiek en dagelijkse contacten komen signalen bij medewerkers van de organisatie terecht. Met name de lokale media zijn relevant. Denk hierbij ook aan de sociale media. Via netwerksites en (micro)blogsites zoals Twitter hebben burgers vaak onderling veel contact. Je kunt op die manier bijvoorbeeld op de hoogte blijven van het uitgaansgedrag van jongeren in de buurt, maar ook van de ontwikkelingen bij de thuiszorgorganisatie in je regio.

E *Eigen vergaderingen*
In de interne vergaderingen kan een terugkerend agendapunt zijn in hoeverre er signalen zijn die voor meerdere cliëntsystemen in het werkgebied gelden. Denk aan het teamoverleg in de eigen organisatie of een overleg over overlast waarbij meerdere disciplines om de tafel zitten. De signalen die naar voren komen in deze vergaderingen kunnen door de teamleider, (staf)medewerker of de coördinator van het overleg verzameld en geregistreerd worden in bijvoorbeeld een *periodiek verslag* (zie verderop).

3.1.1 Stap 1 ▪ Signalen actief verzamelen

F *Overleggen met samenwerkingspartners*
Het sociaal werk werkt niet op een eiland, maar in nauwe samenwerking met andere organisaties. Via de verschillende overleggen en samenwerkingsverbanden die er zijn, kunnen signalen opgevangen worden maar vervolgens ook gedeeld en besproken worden. Denk bijvoorbeeld aan de volgende overleggen:
- overleg of samenwerkingsverband (ketenaanpak) voor de aanpak van huiselijk geweld;
- overleg of samenwerkingsverband rond (bestrijden van) overlast in de wijk en kwetsbare groepen (onder andere oggz-overleggen);
- overleggen voor hulp aan kinderen, jongeren en hun ouders: ZAT-overleggen, 12-minoverleggen, 12-plusoverleggen, gezinsoverleggen enzovoort;
- gebiedsgerichte overleggen, zoals een buurt- of wijkoverleg, een wijkraad of een bewonersvereniging.

G *In de samenwerking met andere organisaties*
Veel samenwerkingsverbanden tussen organisaties hebben vaak niet een signaleringstaak als hoofddoel. Zij ontwikkelen gezamenlijke projecten zoals stresstrainingen, een theaterstuk dat voorlichting geeft over huiselijk geweld of rouwverwerkingsgroepen. Het opvangen van signalen en het uitwisselen ervan gebeurt in deze samenwerkingsverbanden vaak als een soort nevenactiviteit. Het is daarom aan te raden om tijd in te plannen in de vergaderingen van het samenwerkingsverband om in kaart te brengen welke signalen er zijn opgevangen.

Signalen systematisch in kaart brengen

Gesprekken in de 'wandelgangen' zijn een goede manier om signalen van medewerkers binnen de instelling op te vangen. Nadeel is dat deze signalen niet systematisch worden genoteerd, en dus snel vergeten kunnen worden. Er zijn verschillende manieren om dit te ondervangen en te voorkomen dat signalen 'verwateren'. Het is aan te raden om te kiezen voor een combinatie van signaleringsmethoden, zodat er geen informatie verloren gaat.

A *Signaleringsformulier*
Je kunt bijvoorbeeld werken met een (digitaal) *signaleringsformulier*. Op zo'n formulier kunnen medewerkers opschrijven wat hun opvalt aan een verandering of gebeurtenis die mogelijk een negatieve of juist positieve invloed heeft op de sociale omstandigheden van een groep kwetsbare burgers. Een (staf)medewerker heeft de taak de formulieren te verzamelen en over de signalen te rapporteren. Voorbeelden van signaleringsformulieren staan in bijlage 1.

Een nadeel van zo'n formulier – zo blijkt in de praktijk – is dat het invullen ervan vaak een extra drempel vormt om een signaal door te geven. Daarom moet er ook gewerkt worden aan de motivatie van medewerkers om actief te blijven signaleren, onder andere door regelmatig feedback te geven over wat er met signalen gebeurt en wat dit oplevert.

B *In het registratiesysteem*
Wanneer er cliëntgegevens worden geregistreerd, ontstaat een belangrijke bron van signalen. In het registratiesysteem kan een mogelijkheid worden ingebouwd om signalen te noteren. Belangrijk is dat andere collega's deze noties kunnen inzien en kunnen aanvullen. Daarnaast kan er een *globale screening* van registratiegegevens worden uitgevoerd. Hierdoor krijgt men zicht op categorieën van problematiek en doelgroepen en op verschuivingen die in de loop der tijd zijn opgetreden. Zo'n globale screening van de registratiegegevens zal vrijwel altijd een vraag om nader onderzoek opleveren: hoe komt het dat …? De registratiegegevens vormen een goede basis voor reflectie op het eigen beleid.

Het is belangrijk dat zo'n screening gebeurt door iemand die hiervoor toegerust is en die er ook tijd voor heeft. Het kan bijvoorbeeld deel uitmaken van het takenpakket van een stafmedewerker.

C *In overleg*
Signaleren kan systematisch aan de orde gesteld worden in overleggen binnen de verschillende geledingen van de organisatie. Het gaat niet om een nieuw in te voeren overlegvorm, het gaat er eerder om een bestaand overleg te benutten door daarin aandacht te besteden aan signaleren. Het overleg kan gebruikt worden om opgevangen signalen op te halen (al dan niet door de ingevulde formulieren vooraf in te laten leveren), maar ook om meer informatie te vragen over een signaal of om feedback te geven over wat er met eerder opgevangen signalen is gebeurd. Door regelmatig signaleren op de agenda te zetten ontstaat er meer bewustzijn bij alle betrokkenen op de verschillende niveaus. Het heeft ook een leereffect: hoe beter de organisatie in staat is een slimme en doeltreffende signaleringsprocedure in te bedden in bestaande structuren, hoe groter de kans dat het tot de vanzelfsprekende routines gaat behoren. Pas als dat is bereikt, kun je stellen dat signaleren een kerntaak is van het sociaal werk.

D *Periodieke rapportages*
Een (staf)medewerker die werkzaam is in een instelling voor sociaal werk, kan in een verslag bijhouden welke signalen er zijn opgevangen in de afgelopen periode die mogelijk een verandering of gebeurtenis zijn die een negatieve of juist positieve invloed hebben op de sociale omstandigheden van een groep kwetsbare burgers. Dat kan de stafmedewerker doen door in gesprek met verschillende sociaal werkers signalen over individuele burgers of cliënten te verzamelen. Vervolgens kan hij deze gegevens bij elkaar leggen en nagaan in hoeverre het hierbij gaat om een *groep* burgers.

Een combinatie van technieken werkt het meest effectief. Sociaal werkers kunnen bijvoorbeeld maandelijks een signaleringsformulier invullen, dat door een (staf)medewerker ingenomen wordt en verwerkt wordt in een rapportage. Tevens kan de stafmedewerker op basis van een registratiesysteem een rapportage maken. Hij zal daarbij met behulp van de verschillende bronnen ook aan dossiervorming moeten doen.

3.1.2 Stap 2 ▪ Beslissen: is verdere analyse noodzakelijk?

Stap 2 vormt het eerste beslismoment in de procedure. Doel van het beslismoment is een weging: is het signaal de moeite van directe actie waard, of is verder onderzoeken nodig? Dit mag wat gekunsteld lijken, maar het is een belangrijke stap, omdat het de sociaal werker, de organisatie en de ketenpartners dwingt bewust met signalen om te gaan. Maar al te vaak gebeurt het dat een signaal direct tot actie leidt, zonder een moment van bezinning over de vraag of dat wel de beste actie is. Ook het tegenovergestelde vindt plaats: een signaal wordt in de kiem gesmoord omdat men het niet goed kan interpreteren en daardoor ook niet weet wat men ermee moet.

Om meer zicht te krijgen op een signaal in deze fase kun je de '4×W+H'-formule gebruiken als handig hulpmiddel (afgeleid van Migchelbrink, 2010). De vragen uit deze formule kunnen uitvoerig beantwoord worden, maar dan zit je eigenlijk al bij stap 3 (analyseren). In deze fase gaat het vooral om een korte weging, één zin of twee regels zijn voldoende. Nadat je deze vragen hebt beantwoord, kijk je naar een aantal criteria die meer houvast geven voor de beslissing om al dan niet actie te ondernemen op basis van het signaal. Sommige signalen zijn zo duidelijk dat de beslissing eigenlijk al genomen is met het oppakken van het signaal. Voor andere signalen geldt dat er eerst goed over de relevantie en de prioriteit van actie nagedacht moet worden.

'4×W+H'-formule

Wat *is het signaal?*
Op welke sociale omstandigheden heeft het signaal betrekking? Gaat het om de financiële situatie van een groep burgers, om hun gezondheid, of is hun veiligheid in het geding? Is er sprake van een probleem, sociale misstanden, leemtes of een hiaat? Of gaat het juist om een onbenutte kans?

Wie *is betrokken bij het signaal?*
Over wie gaat het signaal? Wie zijn de betrokkenen of de belanghebbenden? Ga na wat een bepaalde groep mensen verbindt aan de specifieke situatie. Dit kun je doen door op zoek te gaan naar de *gemene deler*: wat hebben alle mensen gemeen die betrokken zijn bij het signaal? Welke positie in de samenleving delen zij? Die positie kan te maken hebben met een combinatie van onder andere per-

soonlijke kenmerken, demografische factoren, woon- of leefsituatie en woon- of leefgebied. Het is belangrijk dat je niet in eerste instantie uitgaat van het meest zichtbare wat de doelgroep verbindt. Hierdoor zie je soms dingen over het hoofd.

Wanneer *is het begonnen?*
Signaleren betekent vaak dat het opvalt dat er 'de laatste tijd' iets is gebeurd. De kunst is om uit te zoeken om welk tijdsbestek het gaat. Wanneer is het signaal voor het eerst opgevangen? Het kan zijn dat er iets veranderd is in de sociale omstandigheden van burgers en dat het signaal vanaf dat moment naar voren komt. Bijvoorbeeld: vanaf het moment dat de politie minder is gaan surveilleren, is er meer overlast door hangjongeren ontstaan. Deze kennis geeft ook al inzicht in mogelijke oplossingen.

Waar *speelt het signaal?*
Belangrijk is om uit te zoeken in welk gebied het speelt. Beperkt het signaal zich tot jouw eigen regio of gaat het verder? Of blijft het juist beperkt tot bijvoorbeeld een enkel flatgebouw of slechts één klas kinderen? In deze fase gaat het om de eerste kennis hieromtrent. In fase 3 kan dit tot uitgebreider onderzoek leiden.

Hoe *is het signaal ontstaan?*
Wat weet je over de historie, de aanleiding of de oorzaak van de gesignaleerde kwestie? Hoe is het zo gekomen?

Als je alle voorgaande vragen kort hebt beantwoord, heb je een duidelijke uitgangspositie op basis waarvan je meer informatie kunt verzamelen in stap 3. Hierbij kun je verschillende technieken gebruiken.

Criteria voor het kiezen van de vervolgstap

Om de keuze om iets met een signaal te doen bewust te laten verlopen, geven we een aantal criteria aan de hand waarvan de organisatie kan beslissen of een signaal nader onderzocht dient te worden. Organisaties kunnen de criteria aanvullen al naargelang hun eigen doelstellingen, beleidskeuzen, persoonlijke ervaringen en deskundigheid.

Signaalrelevantie
Met relevantie bedoelen we de mate waarin een signaal verwijst naar zaken die relevant zijn voor de groep (kwetsbare) burgers waar de organisatie zich op richt. Er is bijvoorbeeld een groeiend aantal kinderen op de school waar jij werkt dat zonder ontbijt naar school komt. Of in het ziekenhuis waar jij werkt is een nieuwe parkeermeter geplaatst die voor met name de oudere bezoekers erg gebruiksonvriendelijk is. Of in de wijk waarin je werkt is voor tienermeiden te weinig te doen.

3.1.2 Stap 2 ▪ Beslissen: is verdere analyse noodzakelijk?

Daarnaast is een signaal relevant als het beleidszaken treft die jouw organisatie of werkgebied aangaan. Er zijn bijvoorbeeld lange wachtlijsten bij het verpleeghuis, waardoor cliënten noodgedwongen in het verzorgingstehuis waar jij werkt moeten blijven. Of je krijgt als jongerenwerker signalen dat de nieuwe richtlijn voor de leerplichtambtenaar zo veel werk met zich meebrengt dat hij niet meer alle risicojongeren kan bezoeken.

Het gaat bij relevantie echter niet alleen om de vraag of het signaal bij je werk hoort, maar ook in hoeverre het *direct* van belang is; of het een bepaalde urgentie heeft. Een voorbeeld van een signaal dat direct van belang is, is de onderbenutting van financiële regelingen in een bepaalde buurt, bijvoorbeeld het achterwege blijven van aanvragen voor huursubsidie, terwijl mensen daar wel recht op hebben. Of het tekort aan bedden bij de vrouwenopvang, waardoor vrouwen die te maken hebben met huiselijk geweld niet weg kunnen uit die situatie.

Soms lijkt een signaal in eerste instantie niet relevant, maar is het dat uiteindelijk wel. Een voorbeeld is een groep net gepensioneerde mannen die elkaar kennen uit het bedrijfsleven en graag op vaste tijden gezamenlijk iets willen ondernemen. De sociaal werker hoeft dit signaal niet op te pakken, zo lijkt het in eerste instantie. De mannen blijken namelijk uitstekend in staat om dit zelf te regelen. Ze willen graag een poolbiljart in het buurtcafé en praten hierover met de eigenaar van het café. Als hij zegt hiervoor geen geld te hebben, besluiten de mannen geld bij elkaar te leggen en via een kennis een tweedehands poolbiljart op de kop te tikken.

In dit voorbeeld wordt duidelijk dat deze mannen geen ondersteuning van sociaal werkers nodig hebben om het signaal op te pakken. Het signaal kan daardoor gemakkelijk terzijde worden geschoven: het gaat immers om burgers die vaardigheden bezitten om voor zichzelf op te komen en hun eigen hulpbronnen aan te boren. Het zou echter jammer zijn als eraan voorbij wordt gegaan dat dit signaal een kans betekent: de manier waarop de mannen dit hebben aangepakt is wellicht een voorbeeld voor andere burgers. Deze mannen, die lijken te beschikken over zowel tijd als ondernemingszin, kunnen ook aan burgers die minder gewend zijn om voor zichzelf op te komen en hulpbronnen aan te boren, vaardigheden en kennis overdragen over hoe je zoiets aanpakt. Of zij kunnen zelfs iets organiseren voor kwetsbare burgers die de competenties niet (meer) hebben (zoals een periodiek uitje voor hoogbejaarden uit een verzorgingshuis). Om dat te bereiken is het belangrijk contact te maken en te houden met dergelijke groepen krachtige burgers, om zodoende ook een appel te doen op hun bereidheid om iets voor minder krachtige burgers te betekenen.

Signaalfrequentie
De signaalfrequentie verwijst naar het aantal keren dat eenzelfde signaal wordt opgemerkt. Hoe vaker sociaal werkers eenzelfde signaal registreren, des te groter is de noodzaak om de betekenis van het signaal verder te onderzoeken.

Verschillende opbouwwerkers horen bijvoorbeeld in een korte periode een hele reeks klachten van buurtbewoners over overlast van een groep prostituees. Buurtbewoners dreigen zelf tot (gewelddadige) actie over te gaan. De opbouwwerkers moeten onderzoeken hoe serieus het signaal van de buurtbewoners is en wat eraan gedaan kan worden.

Signaalernst
Signaalernst betreft de ernst of urgentie van het signaal. Die kan betrekking hebben op het aantal mensen of op de (mogelijke) ernst van de situatie waarnaar het signaal verwijst. De ernst wordt bepaald door de mate waarin er een directe dreiging is voor aantasting van de gezondheid, het welzijn of de veiligheid van (met name kwetsbare) burgers. Denk bijvoorbeeld aan signalen over huiselijk en seksueel geweld, geweld op straat, grote schulden of overlast of vervuiling die schade oplevert voor de gezondheid.

Sociaal werkers signaleren bijvoorbeeld bij verschillende cliënten uit een nieuwbouwwijk benauwdheidsklachten bij kinderen. Men vermoedt dat de klachten samenhangen met bodemverontreiniging in een nabijgelegen speelterrein. Nader onderzoek is dringend gewenst. In dit geval gaat het om onderzoek dat het werkterrein van het sociaal werk overstijgt, maar in eerste instantie kan wel onderzocht worden hoeveel kinderen last hebben en of er een verband te ontdekken is met de momenten dat zij op het speelterrein spelen. Vervolgens kan de gemeente geattendeerd worden op het signaal met de vraag of zij er verder onderzoek naar kan doen.

Signaalspecificiteit
De specificiteit van een signaal zegt iets over de mate van concreetheid van het signaal en datgene waarnaar het verwijst. In het algemeen geldt dat een zeer concreet signaal sneller en gemakkelijker tot actie leidt. Zo vraagt het signaal dat de sociale dienst na een verbouwing slechter toegankelijk is voor rolstoelgebruikers nauwelijks nader onderzoek: er kan direct actie ondernomen worden.

Voor een wat vager signaal zal het uitmaken hoe de weging van de andere criteria uitvalt. Hoe belangrijker men het signaal vindt, hoe groter de kans op een positieve beslissing voor nader onderzoek. In het laatste geval moet nader onderzoek uitmaken of het signaal serieus genomen moet worden.

Er wordt bijvoorbeeld gesignaleerd dat veel oudere cliënten eenzaam zijn, door het verlies van betekenisvolle anderen. Dit signaal is tamelijk aspecifiek. Het wijst op een verband tussen een individueel ervaren situatie en demografische ontwikkelingen (velen van ons worden oud en verliezen, naarmate ze ouder worden, meer vrienden en familie), maar is niet nader ingevuld.

Specifieker is het signaal van een team dat opmerkt dat Ghanese vaders behoefte hebben aan specifieke vaardigheden bij de opvoeding van hun puberzoons. Na een onderzoek naar aantallen en specifieke problemen en wensen wordt besloten een groepsaanbod te ontwikkelen.

3.1.2 Stap 2 ▪ Beslissen: is verdere analyse noodzakelijk?

Uitvoerbaarheid van de analyse
In deze stap is duidelijk geworden of het signaal om een uitgebreidere analyse vraagt of dat nu al voldoende duidelijk is wat de oorzaak en de oplossing zijn. Wanneer een uitgebreidere analyse nodig is, moet afgewogen worden of die uitvoerbaar en haalbaar is. Kunnen wij dat doen en, zo ja, met welke organisaties kunnen we samenwerken? Of laten we dat volledig over aan anderen? Dit criterium is afhankelijk van de uitkomsten van de weging op relevantie, frequentie, ernst en specificiteit. Wanneer de voorgaande criteria leiden tot een duidelijk positieve uitslag voor nadere analyse, zal dat betekenen dat de organisatie de uitvoerbaarheid ervan niet extra zwaar kan laten wegen. Ook het omgekeerde gaat op.

Uitvoerbaarheid heeft te maken met aanwezige randvoorwaarden, zoals de beschikbare tijd, aanwezige deskundigheid en financiële middelen. Een analyse die weinig tijd en middelen kost, zal sneller 'even tussendoor' meegenomen worden dan een vrij omvangrijk onderzoek. Zo is het bijvoorbeeld niet veel werk om na te gaan waarom een deurwaarderskantoor geen zaken meer met het maatschappelijk werk wenst te doen, om te informeren of slachtofferhulp een 24 uursbereikbaarheidsdienst heeft of om te vragen waarom het inloopspreekuur van de Dienst Werk en Inkomen aan het eind van de middag afgeschaft is. Als uitgebreider onderzoek niet binnen de beschikbare middelen past, kan samenwerking met andere partijen, bijvoorbeeld met hogescholen, een oplossing zijn. Hbo-studenten worden sinds de invoering van de internationaal erkende bachelor-masterstructuur ook opgeleid voor het uitvoeren van praktijkgericht onderzoek. Een signaleringsonderzoek past doorgaans binnen het kader van een afstudeerproject.

De meest beperkte analyse is een check van de feiten. We geven er de voorkeur aan om in dat geval niet te spreken van een analyse, maar om direct door te gaan naar stap 5: actie ondernemen.

Wanneer het niet haalbaar lijkt om een signaal uitgebreid te analyseren, kan ervoor worden gekozen om het simpeler aan te pakken. Zo kan voor een complex probleem dat gesignaleerd is een eenvoudige analyse worden gedaan: op deze manier komen er op termijn wellicht meer middelen beschikbaar om het signaal wél uitvoerig te kunnen analyseren. Zo lijkt het signaal dat de dakloosheid onder ouderen toeneemt in eerste instantie te vragen om een stevige analyse (zoals verscheidene diepte-interviews met ouderen die dakloos zijn). Er kan echter ook voor worden gekozen om een bijeenkomst te houden met deskundigen en sleutelfiguren op het gebied van zorg aan ouderen in de regio.

Een andere optie is om bij een zeer complex en omvangrijk probleem in te zoomen op een deelaspect. In een bepaalde stad vinden bijvoorbeeld steeds meer jongeren van Antilliaanse afkomst dat zij te maken hebben met discriminatie: zowel op school, op het werk, als op straat en tijdens het uitgaan. In gesprekken met de jongeren blijkt dat het hun het meest dwarszit dat ze geweigerd worden bij de discotheek. De sociaal werkers besluiten om met dit onderdeel van het signaal aan de slag te gaan, zonder uit het oog te verliezen dat het probleem omvangrijker is dan alleen het deurbeleid van discotheken.

3.1.3 Stap 3 ▪ Analyseren

Stap 3 bestaat uit verschillende tussenstappen. Allereerst wil je meer zicht krijgen op een signaal. Dit doe je door gedetailleerder antwoorden te zoeken op de vragen die je in de '4×W+H'-formule uit de vorige stap stelt. Vervolgens gaat het om het maken van een keuze uit verschillende technieken die relevante informatie voor de analyse kunnen opleveren. Tot besluit van deze stap stel je een analyseschets op, waarin je de tot dan toe verzamelde informatie ordent.

Uitdiepen van het signaal

Om het signaal uitgebreider te analyseren is meer informatie nodig dan in stap 2 is verzameld. Soms betekent dit dat er een uitgebreid onderzoek gedaan moet worden. Vaak is het eenvoudiger: een ordening van de feiten in een korte rapportage. In alle gevallen moet de analyse uitmonden in een advies over wat er verder moet gebeuren (stappen 4 en 5).

Voor zeer eenvoudige signalen is er de verkorte cyclus, waarbij stap 3, de analyse, overgeslagen wordt. Stappen 2 en 4 vallen samen: de waarneming en weging van het signaal leiden direct tot de beslissing om actie te ondernemen.

Voor een systematische aanpak van een uitgebreide analyse kun je de checklist voor een uitgebreide analyse gebruiken zoals die in bijlage 2 is opgenomen. Hierin beschrijven we een stapsgewijze aanpak om een probleem te analyseren.

Informatie verzamelen

Je kunt verschillende technieken inzetten om meer informatie te verzamelen. In de meeste gevallen zal het onderzoek zich richten op informatie uit verschillende bronnen.

Onderzoek in de eigen organisatie
Aan de slag gaan met een signaal betekent vaak eerst op zoek gaan naar meer informatie in de eigen organisatie. Dit kan op verschillende manieren.

- *Screening van registratiegegevens*
  Bij stap 1 kwam reeds het ongericht screenen van registratiecijfers aan de orde. Organisaties kunnen hun registratiecijfers ook gebruiken voor het beantwoorden van meer specifieke vragen. Deze vragen kunnen voortkomen uit specifieke gebeurtenissen in de hulpverlening, bijvoorbeeld naar aanleiding van ingevulde signaleringsformulieren, maar ook naar aanleiding van gebeurtenissen en ontwikkelingen buiten de organisatie.
  Een voorbeeld is de organisatie die van de gemeente te horen krijgt dat men zich zorgen maakt over de vereenzaming onder hoogbejaarden. De organisatie kan de registratiecijfers benutten voor antwoorden op vragen zoals: Hoe groot is

3.1.3 Stap 3 ▪ Analyseren

het percentage hoogbejaarde cliënten ten opzichte van de bevolkingscijfers? Welke hulpvragen hebben ze? Wie verwijzen hen naar ons? Hoeveel cliëntcontacten zijn er gemiddeld?

Een belangrijke voorwaarde voor het goed benutten van de registratiesystematiek is, naast het stellen van de juiste vragen, de aanwezigheid van deskundigheid om de beschikbare gegevens te bewerken en te interpreteren. Vaak zijn voor eenvoudige vragen eenvoudige statistische technieken voldoende (rechte tellingen en kruistabellen). Voor lastige vragen op het gebied van de (hogere) statistiek is het beter deskundigheid van buiten in te huren. Hierbij kan bijvoorbeeld gedacht worden aan stagiairs van de universiteit, medewerkers van een lectoraat van een hogeschool of kenniscentrum, of aan zogenoemde wetenschapswinkels, die onderdeel vormen van universiteiten.

Een beperking van het registratieonderzoek is dat het alleen licht werpt op de cliëntenpopulatie die de weg naar de organisatie al gevonden heeft, en niets zegt over het feitelijk voorkomen van bepaalde problematiek in het gebied waarin gewerkt wordt. Door de registratiecijfers te vergelijken met demografische cijfers ontstaat een genuanceerder beeld. Zo betekent het gegeven dat er nauwelijks ouderen bij een organisatie komen iets anders wanneer bekend is dat er bijna geen ouderen wonen in het verzorgingsgebied van de organisatie, dan wanneer de organisatie in een oude stadswijk zetelt waar een relatief grote populatie ouderen woont.

- *Dossieronderzoek*
Wanneer er een dossier wordt bijgehouden van de contacten met burgers, kun je onderzoek doen door middel van het bestuderen van deze dossiers. Dossieronderzoek levert over het algemeen gedetailleerdere informatie op over het hulpverleningsproces dan de registratiesystematiek. Voorwaarden zijn wel dat hulpverleners de dossiers goed bijhouden en dat de dossiers gestandaardiseerd zijn.

Voorbeelden van specifieke onderwerpen voor een dossieronderzoek zijn: mogelijke oorzaken voor drop-out uit de maatschappelijke opvang, het hulpaanbod aan bepaalde groepen cliënten, de verschillende manieren van probleemverwerking door cliënten, en klachten geuit door cliënten, verwijzers of de eigen sociaal werkers.

Een organisatie wil bijvoorbeeld weten welk hulpaanbod mogelijk is voor een groep psychiatrische patiënten die zich binnenkort in de wijk vestigt. Daarvoor wordt de hulpverleners gevraagd om onder meer in hun dossiers te speuren naar het huidige aanbod aan cliënten met een psychiatrische diagnose. Ook bij deze techniek geldt dat er geen zicht mee wordt verkregen op de situatie van burgers die geen cliënt zijn van de eigen organisatie of met wie geen contact is.

Onderzoeken van literatuur
Voordat je een signaal gaat onderzoeken in de praktijk, heb je soms meer informatie nodig vanuit de literatuur (zoals onderzoeksrapporten en beleidsstukken)

of uit wetteksten en regelgeving. Het kan zijn dat praktijkonderzoek dan niet meer nodig is.

- *Literatuuronderzoek*
  Literatuuronderzoek is een veelgebruikte manier om een signaal nader te onderzoeken. Wat is bekend over de omvang, de spreiding, de diversiteit, de ernst van een signaal? Welke oplossingen zijn bedacht? Bij wie kan ik over het signaal te rade gaan? Onder meer deze vragen kunnen aan de hand van (online) artikelen, boeken en rapporten beantwoord worden. Vermijd echter langdurig en tijdrovend literatuuronderzoek. Zorg er daarnaast voor dat je goede en betrouwbare bronnen raadpleegt. Zeker bij het online zoeken van informatie is het niet altijd gemakkelijk om de kwaliteit van de bron te achterhalen. Probeer daarom zo veel mogelijk gebruik te maken van bronnen met een duidelijke herkomst; denk aan landelijke kennisinstituten en lokale partners (gemeentelijk onderzoek en dergelijke).

  Een voorbeeld: een organisatie vangt in verschillende netwerkoverlegvormen signalen op over toenemend sociaal isolement, met name onder ouderen. Om meer over het probleem te weten te komen voert een stafmedewerker een literatuuronderzoek uit. Centraal staat de vraag naar het vóórkomen van sociale isolatie, de oorzaken en de gevolgen ervan, en de mogelijkheden om interventies te plegen. Een goede bron om te raadplegen zijn dan de periodieke rapporten van het Sociaal en Cultureel Planbureau en het Centraal Bureau voor de Statistiek. In de literatuurlijst van deze rapporten kan eventueel verder gezocht worden naar specifiekere publicaties en websites.

- *Onderzoek van wet- en regelgeving*
  In een aantal gevallen heeft een signaal direct of indirect betrekking op wet- en regelgeving. Onderzoek van wettelijke bepalingen zorgt ervoor dat een signaal op waarde geschat kan worden.

  Zo vangt het maatschappelijk werk via enkele gedupeerde cliënten een signaal op van een verzekeringsmaatschappij die plotseling haar polisvoorwaarden veranderd heeft. In samenwerking met de Consumentenbond leidt dit tot een gerechtelijke procedure. Deze klacht is gegrond omdat nader onderzoek duidelijk maakte dat een wijziging in verzekeringsvoorwaarden minimaal drie maanden van tevoren aangekondigd moet worden, zodat mensen die dat wensen hun verzekeringspolis kunnen opzeggen of wijzigen.

Onderzoek in de praktijk
Er zijn verschillende technieken om mensen te raadplegen en te betrekken bij het onderzoeken en analyseren van een signaal. Het kan gaan om verschillende doelgroepen:

3.1.3 Stap 3 ▪ Analyseren

- sleutelfiguren uit de doelgroep: denk aan burgers die actief zijn in zelforganisaties;
- professionals van collega-organisaties die werken met dezelfde doelgroep. In het verlengde hiervan ligt het overleg met collega-organisaties in een andere regio. Herkennen zij het signaal? Wat kunnen mogelijke oorzaken zijn? Dit kan helpen voorkomen dat het wiel steeds opnieuw moet worden uitgevonden;
- de (kwetsbare) burgers en/of cliënten op wie het signaal betrekking heeft.

Hierna staan de verschillende technieken beschreven.

- *Individuele interviews*
Je kiest voor een individueel interview wanneer je de persoonlijke visie van de geïnterviewde wilt weten: in het interview staat zijn of haar ervaring centraal. Het gaat hier niet direct om het onderzoeken van 'klanttevredenheid'. Als het goed is wordt dit al opgetekend in de (standaard) registratiesystemen van de organisatie. Belangrijk bij het interview is het stellen van goede, voor de signalering relevante vragen. Je kunt werken met een topic-lijst: een lijst met thema's waar je het over wilt hebben. Hier kies je voor als je de geïnterviewde veel ruimte wilt bieden om eigen accenten te leggen en eigen thema's aan te snijden. Ook kun je werken met een gestructureerde vragenlijst: een lijst met vragen die je wilt stellen. Hier kies je voor als je wilt dat de geïnterviewde zich beperkt tot het beantwoorden van jouw vragen (Migchelbrink, 2010; Bryman, 2008).

Voorbeelden:
- Een organisatie wil in samenwerking met een fysiotherapeut ontspanningsgroepen organiseren voor cliënten met psychosomatische klachten. Dit aanbod voorziet volgens hulpverleners in een grote behoefte (signaal). Tijdens de voorbereiding worden cliënten geraadpleegd over de inhoud van het programma. Achteraf kan nog nagevraagd worden of het hulpaanbod voldeed en wat er eventueel nog aan verbeterd kan worden.
- Het buurtwerk signaleert dat tienermoeders weinig gebruikmaken van de mogelijkheden voor ondersteuning en scholing. Zij gaan tien tienermoeders interviewen om meer zicht te krijgen op de reden waarom zij hiervan geen gebruik maken.

- *Focusgroepen of groepsinterviews*
Een focusgroep of een groepsinterview is een goede techniek om zicht te krijgen op de gemeenschappelijke ideeën en gedeelde opinies in een bepaalde groep (Migchelbrink, 2010; Bryman, 2008). In een focusgroep gaan de deelnemers met elkaar in discussie: hierdoor krijg je inzicht in hun afwegingen, argumenten en redeneringen. In de loop van het gesprek beïnvloeden de deelnemers elkaars ideeën en opvattingen: je krijgt daardoor inzicht in het groepsproces en minder in de individuele en persoonlijke opvattingen van de deelnemers.

Bij een groepsinterview vindt er minder discussie plaats, maar wordt de groep als geheel geïnterviewd aan de hand van vragen. Net als bij individuele interviews kunnen er verschillende groepen geïnterviewd worden. Wanneer je een deel van een cliëntenpopulatie wilt interviewen in een groep, houd er dan rekening mee dat niet iedere situatie zich hiervoor leent, zeker niet als de groep bestaat uit personen die elkaar mogelijk kennen en/of die bij elkaar in de buurt wonen. Denk bijvoorbeeld aan:

- daders van seksueel of huiselijk geweld: te veel schaamte, mogelijk uitsluiting uit het eigen netwerk of de eigen gemeenschap wanneer hun daderschap bekend wordt;
- slachtoffers van eergerelateerd geweld: te gevaarlijk, mogelijke represailles vanuit de familie.

Tevens zijn er mensen die zelf niet willen deelnemen aan groepswerk en mensen die bepaalde competenties missen (zoals het kunnen luisteren naar een ander) om deel te kunnen nemen aan een groep.
Voorbeelden:

- Een organisatie gericht op antidiscriminatie ziet in landelijke onderzoeken dat er een hoog aantal suïcidepogingen is onder homojongeren. In hun eigen regio erkennen de medewerkers dit probleem. Ze organiseren daarom focusgroepen met homojongeren om met hen in gesprek te gaan over dit fenomeen: het gaat zowel om homojongeren die een sleutelpositie vervullen in de homogemeenschap als om homojongeren die zelf ervaring hebben met suïcidaal gedrag. De vragen gaan over hoe de jongeren denken dat de drempel naar de hulpverlening verlaagd kan worden.
- Uit de registratie van meerdere welzijnsorganisaties komt het signaal naar voren dat vluchtelingen de weg naar het sociaal werk niet of nauwelijks weten te vinden. Een van de organisaties wil weten wat de oorzaken hiervan zijn. Besloten wordt om groepsinterviews te houden met vluchtelingen, vrijwilligers van vluchtelingenwerk en hulpverleners in het asielzoekerscentrum in de gemeente. Er wordt een tolk geregeld. De vragen gaan over de verwachtingen en wensen van vluchtelingen over het sociaal werk.

- *Enquêtes*
Je kunt een signaal verder onderzoeken door een enquête te houden. Dit kan zowel schriftelijk als mondeling. Schriftelijk kan dit op papier of digitaal. Mondeling kan dit telefonisch of face-to-face in een gesprek. De enquête kan worden afgenomen onder verschillende doelgroepen. Wanneer je kiest voor een enquête onder hulp- en dienstverleners kunnen de vragen betrekking hebben op het herkennen van het signaal, de omvang of frequentie ervan, de bereidheid om aan een oplossing mee te werken, enzovoort.

Voorbeelden:
- Een welzijnsorganisatie houdt een enquête onder huisartsen en advocaten naar de omvang van seksuele geweldservaringen bij vrouwen. De vrouwen komen pas in een laat stadium bij het maatschappelijk werk terecht en het vermoeden is bovendien dat zij slechts het topje van de ijsberg vormen.
- Het jongerenwerk en de gemeente willen weten of er in de gemeente genoeg te doen is voor jongeren tussen de twaalf en zestien jaar dat hen aanspreekt. Er wordt daarom een enquête uitgezet onder jongeren om dit na te vragen.

- *Sociale kaart*
Je kunt een signaal ook onderzoeken met behulp van gegevens van een (digitale) sociale kaart. Bij het algemeen maatschappelijk werk melden zich bijvoorbeeld in een paar weken tijd vijf kinderen van twee middelbare scholen met hyperventilatieklachten. De stafmedewerker maakt gebruik van de sociale kaart om scholen en andere hulp- en dienstverleners in de jeugdzorg te benaderen met de vraag of zich meer kinderen met dergelijke klachten hebben gemeld en zo ja, van welke scholen zij afkomstig zijn. Hoewel het opstellen van een sociale kaart niet meer van deze tijd lijkt – er is immers alom sprake van keten- en netwerksamenwerking – laat de praktijk zien dat sociaal werkers maar mondjesmaat zicht hebben op andere organisaties, het vrijwilligerswerk en verenigingsleven, en andere professionals in hun omgeving.

Opstellen van een analyseschets

Als je de fase 'informatie verzamelen' hebt afgerond heb je goed zicht op de oorzaken en achtergronden van de kwestie waarop het signaal betrekking heeft en heb je ook globaal zicht op wat er zou kunnen gebeuren om de kwestie aan te pakken. In de analyseschets geef je opnieuw antwoord op de '4×W+H'-vragen (maar dan uitgebreider dan in stap 2), geef je aan hoe je de informatie hebt verzameld en hoe gedegen die is, en beschrijf je globaal de uitvoerbaarheid van mogelijke acties. Het verder uitwerken van die acties komt aan de orde in stap 4.

3.1.4 Stap 4 ▪ Beslissen: is actie wenselijk en haalbaar?

Aan het eind van stap 3 is er een globaal plan voor wat er verder moet gebeuren, een voorstel voor de te ondernemen actie. Hierbij kan een beschrijving van rollen en taken worden toegevoegd: wat kunnen de burgers zelf doen, en wat zouden het sociale netwerk, vrijwilligers en eventueel professionals kunnen doen? Soms lijkt het beter het signaal direct aan te kaarten bij instanties waarover het signaal concreet gaat. Denk bijvoorbeeld aan een signaal over ongewenste intimiteiten van een medewerker van de sociale dienst.

Wij pleiten ervoor om de besluitvorming over wat er verder gaat gebeuren wederom zorgvuldig te laten verlopen. Dat betekent een tweede belangrijk beslismoment in de procedure van signaleren.

In theorie zijn er vier mogelijkheden na de analyse:
- actie ondernemen vanuit alleen de eigen organisatie (actietype 1);
- actie ondernemen vanuit een samenwerking met meerdere organisaties (actietype 2);
- actie ondernemen om een andere organisatie of overheid aan te sporen tot het veranderen van haar beleid/aanpak (actietype 3);
- geen actie ondernemen.

De organisatie zal op grond van criteria moeten beslissen welke mogelijkheid (of combinatie van mogelijkheden) de beste is. Met name als de actie veel voeten in de aarde heeft, zoals het starten van een preventieproject, is het belangrijk om af te wegen of dat de moeite waard is. Maar ook als de actie minder tijd en energie vraagt, is het goed om zorgvuldig tot besluitvorming te komen.

We geven enkele suggesties voor relevante selectiecriteria op grond waarvan de besluitvorming kan plaatsvinden. De criteria uit stap 2 gelden onverkort. Signaalrelevantie, signaalfrequentie, signaalernst, signaalspecificiteit en uitvoerbaarheid van de analyse kunnen aangevuld worden met:
- *Effectiviteit*. De organisatie zal moeten wegen in hoeverre de te ondernemen actie voordelen oplevert, bijvoorbeeld in de zin van vergroting van de eigen kracht van kwetsbare burgers of betere aansluiting bij deze burgers. Dat is natuurlijk een moeilijke afweging, want of een actie ook de bedoelde voordelen oplevert, is lastig te voorspellen. Dat neemt niet weg dat je voordelen aannemelijk moet kunnen maken. Bijvoorbeeld door de doelstellingen van signalering en de te ondernemen acties nog eens naast elkaar te leggen en de vraag te stellen of doelstellingen, middelen en beoogde resultaten in elkaars verlengde liggen en met elkaar in evenwicht zijn.
- *Haalbaarheid*. De organisatie zal zich moeten afvragen wat de haalbaarheid is van nadere actie op het onderzochte signaal. Zijn er voldoende menskracht, deskundigheid en middelen om actie te ondernemen? Op welke termijn zijn resultaten haalbaar? Wanneer binnen de eigen organisatie niet voldoende deskundigheid op dit specifieke terrein aanwezig is, ligt het voor de hand om deze deskundigheid op een andere manier te verkrijgen, bijvoorbeeld via ervaringsdeskundigen of via professionals van andere organisaties. Wanneer er niet voldoende middelen aanwezig zijn, is het van belang om met de gemeente hierover in gesprek te gaan en zo nodig een signaal af te geven aan de lokale politiek.

Onder haalbaarheid valt ook de uitvoerbaarheid van de actie. Een eenvoudige actie (een organisatie attenderen op een tegenstrijdigheid in haar beleid) zul je eerder ondernemen dan een zeer uitgebreide actie (samen met de ggz een groepsaanbod 'stressreductie op het werk' organiseren).

- *Draagvlak*. De organisatie zal ook rekening moeten houden met het draagvlak om actie te ondernemen: het gaat om het draagvlak bij het professionele veld, bij de civil society en in het bijzonder bij de burgers die te maken hebben met het signaal. Wanneer een groep burgers overtuigd is van de noodzaak tot verandering heeft die een betere kans van slagen dan wanneer slechts een enkeling overtuigd is van het nut van de voorgenomen actie. Let wel: dit betekent dus niet dat het draagvlak 100% dient te zijn onder alle betrokkenen. Zeker bij burgergroepen is er ook vaak sprake van tegenstrijdige belangen. Zo hebben jongeren, ouderen en gezinnen met kinderen ieder vaak heel andere gedachten over de leefbaarheid van een buurt.

3.1.5 Stap 5 ▪ Actie ondernemen

Wanneer er voldoende informatie verzameld is over het signaal, en de beslissing is genomen dat er daadwerkelijk iets moet gebeuren, is het tijd om actie te ondernemen. Welke actie ondernomen wordt, zal per situatie verschillen. Denk bijvoorbeeld aan:

- een bijscholingscursus voor de eigen medewerkers aan de hand van een programma dat een bepaalde groep kwetsbare burgers heeft samengesteld;
- het wijzen van andere organisaties op gevolgen van hun beleid;
- met een zelforganisatie een voorlichtingsproject opzetten voor de achterban;
- het gezamenlijk werken met ketenpartners aan de verbetering van de informatievoorziening over sport- en spelmogelijkheden voor jongeren in een buurt.

Het hangt sterk af van het gekozen actietype hoeveel tijd, inspanning en geld ermee gemoeid is. Ook combinaties van actietypen zijn mogelijk. In stap 5 vindt de nadere uitwerking en de uitvoering van de actie plaats. We geven hierna per actietype enkele voorbeelden van activiteiten.

Actie ondernemen vanuit alleen de eigen organisatie (actietype 1)

De organisatie heeft het signaal geanalyseerd en besloten dat er iets aan gedaan wordt. De organisatie heeft ook de tijd en de middelen om het signaal zelf aan te pakken. Er zijn vervolgens talloze acties te bedenken die de organisatie kan uitvoeren. De keuze is sterk afhankelijk van de wensen van de doelgroep, maar ook van de mogelijkheden van de organisatie. We bespreken een drietal acties die van belang zijn en vaak voorkomen:

- discussiëren met collega's en burgers over wie het signaal gaat, over het bijstellen van de visie en het beleid van de organisatie;
- organiseren van bijscholing/een studiedag voor de eigen medewerkers/vrijwilligers;
- ontwikkelen van nieuw aanbod en/of aanpassen van het bestaande.

Discussiëren over het bijstellen van de visie en het beleid van de organisatie
Uit de analyse van registratiegegevens blijkt dat een organisatie voor maatschappelijk werk in het afgelopen jaar slechts één vluchteling heeft geholpen. Nader onderzoek heeft uitgewezen dat in de gemeente zo'n zevenhonderd vluchtelingen wonen. Uit literatuuronderzoek komt naar voren dat deze groep mensen zich in een kwetsbare positie bevindt en vaak veel problemen heeft. De gemeente voert een speciaal vluchtelingenbeleid, gericht op de integratie van deze mensen in de stad. Er is een grote groep vrijwilligers actief. Daarop besluit het management een discussie met de medewerkers en de doelgroep zelf te voeren over het mogelijke aanbod aan vluchtelingen. Heeft de organisatie voor maatschappelijk werk daar een taak? Zo ja, hoe ziet die eruit? Wat doen vrijwilligers hierin? Hoe kan hun rol versterkt en ondersteund worden? De uitkomst van de discussie is medebepalend voor het te voeren beleid op dit terrein.

Organiseren van een bijscholingsactiviteit
Een oudere mevrouw heeft kortgeleden suïcide gepleegd. Deze mevrouw was al vijf maanden cliënt bij het maatschappelijk werk. Ze was lusteloos, verdrietig en angstig. Ze was nauwelijks tot enige activiteit aan te sporen. De hulpverlening was vastgelopen. Na het overlijden van deze vrouw bleek dat ze ernstig depressief was, en niet voor de eerste keer in haar leven. De huisarts wist van haar terugkerende depressiviteit, maar deze keer had ze hem niet op de hoogte gesteld. Het was de huisarts wel opgevallen dat hij de vrouw lang niet gezien had, maar hij had daar verder geen consequenties aan verbonden. Naar aanleiding van deze geschiedenis besluit het casusoverleg om een studiemiddag te organiseren over depressiviteit en suïcidaliteit bij ouderen. Sociaal werkers worden geïnformeerd over de frequentie, de kenmerken en de mogelijkheden voor interventie en samenwerking.

Nieuw aanbod ontwikkelen en/of bestaand aanbod aanpassen
Een organisatie voor zorg en maatschappelijke dienstverlening merkt dat zij veel vrouwen van Turkse afkomst van de eerste generatie als cliënt heeft die kampen met depressieve en spanningsklachten. De vrouwen praten moeilijk over hun gevoelens, maar willen wel verandering van hun situatie. De thuisbegeleiders en maatschappelijk werkers verkennen met de vrouwen wat de mogelijkheden hiervoor zijn. Naar aanleiding daarvan besluiten ze om de vrouwen met elkaar in contact te brengen, niet met een praatgroep maar met een 'doe-groep'. Samen doen ze ontspanningsoefeningen en andere lichaamsgerichte oefeningen. De groep groeit en wordt een onderdeel van het reguliere aanbod van groepswerk.

3.1.5 Stap 5 ▪ Actie ondernemen

Actie ondernemen vanuit een samenwerking met meerdere organisaties (actietype 2)

Er zijn allerlei situaties denkbaar waarbij een organisatie nauw samenwerkt met andere vrijwilligersorganisaties en professionele instanties om een signaal op te pakken. We geven vier voorbeelden:
- verbeteren van onderlinge samenwerking;
- bijscholen van medewerkers/vrijwilligers van verschillende organisaties;
- opzetten van een gezamenlijk (participatief) preventieproject;
- voorbereiden van een gezamenlijk (participatief) preventieproject.

Verbeteren van onderlinge samenwerking

Naar aanleiding van een vraag van de preventieafdeling van de ggz-organisatie let een welzijnsorganisatie extra op opvoedingsvragen van bezoekers in het buurthuis met jonge kinderen. Uit de signalering komt naar voren dat een aantal bezoekers met specifieke kenmerken (geen werk, vaak gescheiden, laag opleidingsniveau, gering ondersteunend netwerk) vaker opvoedingsproblemen ter sprake brengt. Het blijkt dat de welzijnsorganisatie weinig specifieke deskundigheid in huis heeft op het gebied van opvoedingsvoorlichting.

Vervolgens biedt de preventieafdeling van de ggz aan om enkele medewerkers te trainen in het geven van opvoedingsvoorlichting. De opgeleide medewerkers kunnen opvoedingsvoorlichting voor eigen bezoekers verzorgen. Indien er voldoende menskracht beschikbaar is, bestaat ook de mogelijkheid cursussen met een open inschrijving aan te bieden. Na overleg en goedkeuring van het management besluit de organisatie op dit aanbod van de ggz in te gaan.

Bijscholen van medewerkers/vrijwilligers van verschillende organisaties

In een gemeente signaleren diverse partijen dat de afstand tussen slachtoffers van eergerelateerd geweld en hulpverlenende instanties groot is. Gebrek aan wederzijdse bekendheid, contact en vertrouwen staat bereik van preventie voor en hulp aan slachtoffers in de weg. Naar aanleiding van gesprekken met migrantenorganisaties wordt besloten om daar iets aan te veranderen. Vrijwilligers van diverse migranten- en vluchtelingenorganisaties worden getraind om eergerelateerd geweld te signaleren, bespreekbaar te maken en om, wanneer dat nodig is, te verwijzen naar professionele instanties. Deze vrijwilligers zijn een netwerk gaan vormen van vertrouwenspersonen die de eerste opvang doen. Zij kennen de wegen naar de professionele hulpverlening goed en kunnen slachtoffers begeleiden bij het zetten van eerste stappen hiernaartoe.

Opzetten van een gezamenlijk (participatief) preventieproject

Een signaal kan tevens worden aangegrepen om te onderzoeken of een (participatief) preventieproject op zijn plaats is. De medewerkers van *streetcornerwork* signaleren dat zij meiden van migrantenafkomst slecht kunnen bereiken. De meiden komen niet naar het buurthuis, waar hun broers rondhangen, die hen liever niet buiten de deur zien. Het streetcornerwork begint daarom samen met verschillende partners met een speciale *meidenbus*, alleen voor en door meiden, waar meiden elkaar kunnen ontmoeten in een veilige en prettige omgeving. Ze zoeken fondsen om de bus te financieren (zie ook hoofdstuk 4).

Voorbereiden van een gezamenlijk (participatief) preventieproject
Welzijnsorganisaties in een grote stad signaleren veel homovijandigheid onder de jongeren die bij het jongerenwerk komen. Tevens pikken ze signalen op uit de media dat er steeds vaker homo- en lesbische koppels in elkaar worden geslagen op straat, of hun huis uit worden gepest. De organisaties merken dat een aantal jongerenwerkers deze vijandigheid met de jongeren deelt. Het onderzoeks- en praktijkcentrum voor jongeren en jongerenwerk in dezelfde stad gaat daarom met deze organisaties én met de lokale homobelangenorganisaties gezamenlijk een aanpak ontwikkelen. Er wordt een methode ontwikkeld waarin jongerenwerkers in dialoog gaan met homo- en biseksuele mannen en vrouwen uit verschillende culturen en kennis krijgen aangereikt over homo- en biseksualiteit. Hierdoor neemt hun vijandigheid en negatieve houding ten opzichte van homo- en biseksuelen af. Vervolgens gaan de jongerenwerkers aan de slag om het thema homo- en biseksualiteit met jongeren te bespreken.

Actie ondernemen om een andere organisatie of overheid aan te sporen tot het veranderen van haar beleid/aanpak (actietype 3)

Soms blijkt samenwerking niet de gewenste resultaten op te leveren: een of meerdere organisaties of overheden geven het signaal te weinig prioriteit of zien het belang er niet van in. Toch kan het signaal niet blijven liggen: het gaat om een signaal dat bijvoorbeeld ernstig is (signaalernst) en dat vaak voorkomt (signaalfrequentie).

We onderscheiden verschillende vormen van actie om een organisatie of een (lokale) overheid aan te sporen om haar beleid of aanpak te veranderen naar aanleiding van het signaal. De eerste twee vormen zijn afkomstig uit de literatuur voor het raadsliedenwerk (Engbersen, 1987), dat hier uitgebreide ervaring mee heeft. De drie activiteiten zijn:
- attenderen
- bekritiseren
- aanklagen

De activiteiten hebben een aflopende graad van vrijblijvendheid. Ze worden vaak in combinatie gebruikt om een signaal onder de aandacht te brengen. *Attenderen* betekent vaak allereerst dat er via bestaande contacten afstemming wordt gezocht met de betreffende instantie. Wanneer signalen worden geuit in een goed gesprek is de kans groter dat de instantie bereid is de signalen op te pakken dan

3.1.5 Stap 5 ▪ Actie ondernemen

wanneer dit via een minder persoonlijke manier gaat, zoals via e-mail of een formele brief. Wanneer er echter geen mogelijkheid is om het in een gesprek aan te kaarten of als dit geen effect heeft gehad, kan er alsnog worden gekozen voor een vriendelijke maar formele brief of e-mail waarin het gesignaleerde probleem uiteengezet wordt. Een voorbeeld van attenderen is het wijzen op onleesbare formulieren, onzorgvuldigheden in de uitvoering van regels of onbedoelde effecten van regelgeving.

Een kritisch stuk in een (online) krant waarin misstanden aan de kaak worden gesteld is een vorm van *bekritiseren*.

Als krachtigste activiteit noemen we het *aanklagen* van een rechtspersoon of instantie. Aanklagen kan bijvoorbeeld door een klacht in te dienen bij de Nationale ombudsman, als het beleid van overheidsorganisaties betreft, of door naar de rechter te stappen, zoals in het eerder genoemde voorbeeld van de niet tijdig aangekondigde wijziging in de polisvoorwaarden door een verzekeringsmaatschappij. Vaak wordt er pas een aanklacht ingediend op het moment dat attenderen of bekritiseren niet het gewenste effect heeft en als er op basis van feitelijke gegevens voldoende grond lijkt te zijn om wettelijke stappen te ondernemen.

Signalen kunnen doorgegeven worden aan instanties in de eigen regio, maar ook aan de landelijk werkende instanties en overheid. Een voorbeeld is het signaal van verschillende welzijnsorganisaties dat de jongeren met een handicap die zij bereiken bijna allemaal autochtoon zijn. Jongeren van migrantenafkomst bereiken zij nauwelijks. Dit signaal is afgegeven aan landelijk kenniscentrum MOVISIE, dat dit vervolgens heeft uitgewerkt in een preventieproject met verschillende instanties en zelforganisaties in verschillende regio's.

Er zijn verschillende – gecombineerde – praktijkvoorbeelden van attenderen en bekritiseren. Het gaat hierbij steeds om een signaal dat doorgegeven wordt aan anderen en vervolgens kritisch gevolgd wordt door het sociaal werk. De organisatie heeft zelf geen (of beperkte) mogelijkheid om iets aan het gesignaleerde te doen.

Attenderen (1)

Bij het algemeen maatschappelijk werk komt het signaal binnen dat sommige basisscholen een financiële bijdrage aan ouders verplicht stellen voor het organiseren van extra activiteiten of de aanschaf van extra onderwijsmiddelen. Dit is wettelijk verboden; basisscholen mogen ouders alleen vragen om een vrijwillige bijdrage, ze mogen niets opleggen. De eerste actie die de organisatie onderneemt, is de scholen er via de contacten die zij daar heeft, op attenderen dat dit bij de wet verboden is. Wanneer dit geen effect heeft, kan er gezamenlijk met ouders een brief of e-mail worden opgesteld aan de directies van de scholen. Wanneer reactie uitblijft, kunnen er drastischere middelen ingezet worden. Dat kan bijvoorbeeld door via een persbericht aan lokale media publiciteit aan het onderwerp te geven. Dit laatste is een vorm van het attenderen van de ouders, maar geldt ook als het bekritiseren van de werkwijze van de scholen.

Attenderen (2)
Verschillende medewerkers van de lokale voedselbank worden geconfronteerd met ondoorzichtig beleid van de gemeentelijke sociale dienst over bijzondere bijstand. In de ene cliëntsituatie wordt wel bijzondere bijstand verleend, terwijl deze in een andere, vrijwel identieke situatie wordt geweigerd. Afgesproken wordt dat de medewerkers van de voedselbank op zoek zullen gaan naar gevallen waarin al dan niet bijzondere bijstand werd verleend. Deze zaken worden vervolgens gebundeld en besproken met de gemeentelijke sociale dienst. De beoogde uitkomst is dat de sociale dienst duidelijker richtlijnen zal ontwikkelen en deze zal bespreken met zijn medewerkers.

Bekritiseren (1)
Bij het algemeen maatschappelijk werk komen meerdere malen signalen binnen dat de communicatie tussen huisartsen en patiënten van migrantenafkomst van de eerste generatie niet goed verloopt. Sommige huisartsen weren deze groep zelfs zo veel mogelijk uit hun praktijk. Gesprekken met de huisartsen leveren niet het gewenste resultaat op. Bij nader onderzoek stuit de organisatie op een werkgroep die zich ook al met deze problematiek bezighoudt. Gezamenlijk worden typische voorbeelden van slechte communicatie en misverstanden bij elkaar gezocht. Vervolgens wordt daaruit een zwartboek samengesteld. Uiteindelijk wordt een kritische brief met het zwartboek aangeboden aan de minister van Volksgezondheid, Welzijn en Sport, met als doel het onderwerp op de politieke agenda te krijgen.

Bekritiseren (2)
De sportopbouwwerker merkt dat de overlast op straat in haar buurt, waarin nogal wat mensen wonen met een psychiatrische achtergrond, de laatste tijd sterk toeneemt. Het blijkt dat de ggz-instelling die de patiënten moet begeleiden sterk heeft gekort op ambulante ondersteuning door bezuinigingen en verplaatsing van begeleiding naar de Wmo. De organisatie ziet zelf ook geen ruimte om de begeleiding anders op te lossen. Samen met bewoners, de politie en de ggz-instelling maakt de sportopbouwwerker een pamflet waarin de passieve houding van de gemeente wordt gehekeld om het ontstane 'gat' in de begeleiding op te vangen.

Aanklagen
Soms is aanklagen de enige mogelijke oplossing. Een voorbeeld is wanneer er sprake is van seksueel misbruik in een organisatie. Hoewel de signaalfrequentie laag is, kan één signaal hierover als dusdanig ernstig aangemerkt worden dat het voldoende is om actie te ondernemen. Een aanklacht krijgt dan de vorm van een melding of aangifte bij de politie. Ditzelfde geldt voor andere strafbare feiten. Dit

is niet alleen nodig, het is een burgerplicht, vastgesteld in de wet. Voorkomen moet worden dat organisaties elkaar de hand boven het hoofd houden. Een andere vorm van aanklagen is door publiekelijk een organisatie of overheid aan te klagen. Dit kan bij misstanden waarop de organisaties of overheid herhaaldelijk zijn geattendeerd, maar die niet worden opgepakt.

3.1.6 Stap 6 ▪ Evalueren en feedback geven

De laatste stap uit de procedure is de evaluatie van de actie. Evaluatie betekent dat de organisatie zich de vraag stelt in hoeverre het beoogde resultaat is bereikt, en of de middelen zo efficiënt mogelijk zijn ingezet. Uit de evaluatie kan blijken dat de gekozen actievorm moet worden bijgesteld of beëindigd.

Evaluatie kan plaatsvinden op twee niveaus: op *proces* (Hoe is het gegaan? Hoe is de samenwerking verlopen?) en op *effect* (Is het beoogde doel bereikt? Hoe is de tevredenheid hierover?).

Informatie en feedback geven

Evaluatie is tevens een goede manier om alle partners te informeren en feedback te geven over het verloop vanaf het moment van signaleren. Het gaat om collega's en samenwerkingspartners, zoals overheid, professionele instanties en zelforganisaties. Belangrijk is ook dat de burgers op wie het signaal betrekking heeft, teruggekoppeld krijgen wat er met het signaal is gebeurd.

Burgers feedback geven en met hen evalueren

Feedback geven aan burgers kan gecombineerd worden met de evaluatie. Op het moment dat je burgers informeert, kun je hun ook vragen hoe zij het *proces* en het *effect* (het resultaat, wat het heeft opgeleverd) hebben ervaren. Evalueren met de betreffende burgers kan op manieren die vergelijkbaar zijn met de manieren waarop ze zijn geraadpleegd:
- Via een interactieve informatieavond: hierop kun je terugkoppelen wat er met het signaal is gedaan en vragen hoe de burgers de gang van zaken (het proces) hebben ervaren en wat zij van het resultaat (effect) vinden. Dit is een geschikte manier wanneer je een aantal meningen wilt verzamelen en een globale indruk wilt krijgen van de ervaringen van de burgers. Het is een manier die meestal minder tijdrovend is in vergelijking met veel andere opties.
- Via (sociale) media: je kunt burgers via sociale media informeren over het oppakken van het signaal, maar ook bevragen hoe zij de gang van zaken (het proces) en het resultaat (effect) van de actie ervaren. Net als bij een informatieavond is dit een geschikte manier wanneer je meningen wilt verzamelen en een globale indruk wilt krijgen van de ervaringen van de burgers.

- Via enquêtes: via een enquête kun je zowel vragen stellen over de gang van zaken (het proces) als over het resultaat (effect). Wanneer enquêtes anoniem zijn, durven burgers vaak eerlijker te vertellen wat zij ervaren. Bij gevoelig liggende thema's kan een enquête daarom een geschikt middel zijn. Het middel is echter alleen te gebruiken bij een groep burgers die kan lezen en de Nederlandse taal voldoende beheerst om de enquête zelfstandig in te vullen.
- Via groepsinterviews: dit is een geschikte manier wanneer je de consensus van de groep wilt horen over hoe zij de gang van zaken (het proces) hebben ervaren en hoe zij het resultaat (effect) beoordelen.

3.2 Wie betrek je wanneer?

We hebben gezien dat er diverse partijen zijn die je kunt betrekken bij signaleren. Het gaat voornamelijk om het 'professionele veld', organisaties in civil society en burgers in een kwetsbare positie. Deze partijen kun je op verschillende momenten betrekken.

Ketenpartners en de civil society

Je kunt vanaf het begin af aan optrekken met de ketenpartners en partners uit de civil society in het systematisch signaleren, of hen later in het proces betrekken.

Vanaf stap 1
Het kan zijn dat je vanaf de eerste stap van systematisch signaleren gezamenlijk optrekt met ketenpartners en partners uit de civil society. Dat betekent dat je samen actief signalen verzamelt (stap 1) en vanaf daar samen de andere stappen doorloopt. De meerwaarde is dat je met meer partners simpelweg meer signalen opvangt en in kaart kunt brengen dan wanneer je dit alleen doet. Een en ander hangt uiteraard samen met de aard van het signaal.

Vanaf stap 2
Het kan ook zijn dat je naar aanleiding van een bepaald signaal dat je zelf hebt ontvangen, besluit dat je bepaalde ketenpartners of organisaties uit de civil society gaat betrekken. Je vraagt hen om mee te beslissen of het signaal de moeite waard is (stap 2): zien zij soortgelijke signalen? Hoe relevant denken zij dat het signaal is? Je maakt hierbij gebruik van de expertise van de verschillende partners. Welke samenwerkingspartners je betrekt vloeit logischerwijs voort uit de problematiek en de groep mensen op wie het signaal betrekking heeft. Wanneer je als sociaal werker bijvoorbeeld de indruk hebt dat er opvallend veel pubermeiden van migrantenafkomst zijn die te lang blijven rondlopen met hun depressie, betrek je hier waarschijnlijk de GGD, ggz en de scholen bij. En wanneer je vermoedt dat er veel ouderen zijn die te weinig weten over de bijwerkingen van hun me-

dicijnen, ga je waarschijnlijk eerst praten met de apotheek, huisartsen, wijkverpleegkundigen en/of de thuiszorg.

Vanaf stap 3
Een andere optie is dat je de andere partijen pas betrekt wanneer je het signaal gaat analyseren (stap 3). Je wilt bijvoorbeeld aan een zelforganisatie vragen of zij meewerkt aan het uitvoeren van interviews of aan een ketenpartner vragen of deze ook zijn registratiegegevens wil analyseren. Een nadeel van het dan pas betrekken van de partners is dat zij misschien minder gemotiveerd zijn om nog aan te haken, omdat zij niet zelf de beslissing hebben genomen om het signaal verder te analyseren. Wanneer je partners pas betrekt bij stap 4 of stap 5, zal de motivatie om mee te werken nog minder zijn.

Kwetsbare burgers betrekken

Ook kwetsbare burgers kun je op verschillende momenten bij het proces van systematisch signaleren betrekken. Wanneer het sociaal werk zichtbaar aanwezig is in het werkgebied en bekendstaat als gemakkelijk benaderbaar, weten kwetsbare burgers het sociaal werk zelf te vinden wanneer zij een signaal opvangen. In veel gevallen zul je hen echter zelf actief moeten betrekken.

Burgers betrekken
Wanneer je een signaal ontvangt over een bepaalde groep burgers, is het van belang om hen zo vroeg mogelijk bij het proces te betrekken. Je kunt op verschillende manieren contact zoeken. Soms is een doelgroep georganiseerd door middel van een zelforganisatie. Denk aan een Turkse vrouwenorganisatie, een jongerenorganisatie, een Hindoestaanse raad, een ouderenvereniging, een platform van mensen met een handicap of een chronische ziekte, een homobelangenorganisatie enzovoort. Je benadert de burgers dan via de civil society. Veel vaker is echter de groep op wie het signaal betrekking heeft, niet georganiseerd. Je zult dan 'vindplaatsgericht' te werk moeten gaan. Je zoekt jongeren bijvoorbeeld op hun hangplek op, gaat na overleg met vertegenwoordigers van de moskee in gesprek met bezoekers, of bereikt je doelgroep via het buurthuis of via social media.

Wanneer wel en wanneer niet betrekken?
Het streven is om de kwetsbare burgers over wie het signaal gaat dat jij hebt opgevangen, zo direct mogelijk te betrekken in de stappen die je zet in het proces van systematisch signaleren. Je signaleert bijvoorbeeld een kans voor werkloze jongeren om zich beter te leren presenteren bij werkgevers, zodat hun kans op een baan toeneemt. In dat geval ligt het voor de hand om de jongeren zelf te betrekken in de systematische aanpak van het signaal: jij staat immers als sociaal werker aan hun kant en je helpt hen om hun eigen kracht te versterken.

Burgers zijn echter onderdeel van het krachtenveld van de samenleving en in sommige gevallen wil je dit krachtenveld overstijgen. Dan kan het raadzaam zijn om een deel van de burgers op wie het signaal betrekking heeft, niet direct te informeren. Als je bijvoorbeeld het signaal hebt opgevangen dat veel homoseksuele jongeren van Iraakse afkomst vrezen voor hun veiligheid wanneer hun ouders achter hun seksuele voorkeur komen, is het niet aan te raden om direct met de ouders open kaart te spelen. Je gaat dan pas met de betreffende jongeren de eerste stappen zetten in de systematische aanpak van het signaal wanneer duidelijk wordt welke rol de ouders krijgen. Een ander voorbeeld is een signaal dat je opvangt over een groep jongens die meisjes aanranden die 's avonds alleen over straat gaan. Je wilt dan wellicht eerst meer inzicht hierover krijgen en in gesprek gaan met de meiden, voordat je de jongens erover aanspreekt.

4 Toelichting van het stappenplan met praktijkvoorbeelden

Dit hoofdstuk gaat over het toepassen van het stappenplan op de werkvloer. We beschrijven zes voorbeelden van een binnengekomen signaal en wat daar vervolgens mee gebeurt. Daarna ordenen we de voorbeelden aan de hand van het stappenplan. De voorbeelden zijn gebaseerd op bestaande praktijken.

Het stappenplan signaleren is hier nog eens bondig weergegeven:

stap 1 ▪ signalen actief verzamelen
stap 2 ▪ beslissen: is verdere analyse noodzakelijk?
stap 3 ▪ analyseren
stap 4 ▪ beslissen: is actie wenselijk en haalbaar?
stap 5 ▪ actie ondernemen
stap 6 ▪ evalueren en feedback geven

Het stappenplan kun je vereenvoudigen door stap 3 te laten vervallen en stap 2 en 4 samen te nemen. Dit zal bij relatief eenduidige en enkelvoudige signalen en/of oplossingen eerder aan de orde zijn dan bij een complex en bewerkelijk signaal dat om uitgebreid onderzoek, misschien zelfs wel nieuw beleid, en in ieder geval veel energie vraagt in de actiefase.

4.1 De bibliotheekbus

In de plaatselijke krant wordt gemeld dat de dependance van de bibliotheek in een oude stadswijk wordt opgeheven. Het openbaar vervoer in deze wijk is echter beperkt en de afstand van de bushalte naar de centrale bibliotheek is minstens vijf minuten lopen, zo signaleert een medewerker van het welzijnswerk voor ouderen, die zelf in deze buurt woont. Dit zal vooral voor ouderen een belemmering vormen om de bibliotheek te bezoeken.

    De sociaal werker noteert het signaal op een signaleringsformulier en overlegt met de stafmedewerker. Zij vindt het inderdaad van belang om er iets mee te doen. Veel werk is het niet en misschien is er een eenvoudige oplossing te vinden. Ze steekt op haar beurt haar licht op bij de bibliotheek. Medewerkers van de bibliotheek geven aan er nog niet bij stilgestaan te hebben; ze zullen het er in een vergadering over hebben.

Twee weken later rapporteert een medewerker van de bibliotheek dat er is besloten om in het dienstencentrum een online toegangspunt voor de bibliotheek te installeren en een beperkte voorraad boeken neer te zetten. Via het toegangspunt kunnen boeken worden aangevraagd, die de volgende dag beschikbaar zijn. Een vrijwilliger in het dienstencentrum begeleidt de ouderen bij het aanvragen van boeken. Hierdoor blijft de ontmoetingsfunctie van de bibliotheek ook intact. Met de gemeente vindt overleg plaats over een extra bushalte in de nieuwe wijk. De sociaal werker die het signaal opgemerkt heeft, wordt door de stafmedewerker op de hoogte gebracht van het resultaat.

Ordening

In het voorgaande voorbeeld wordt het eerste signaal opgevangen via de lokale krant (stap 1). De sociaal werker besluit een signaleringsformulier in te vullen. Het belangrijkste criterium om iets met het signaal te doen is de specificiteit: het is een zeer concreet en gericht signaal. Het verkorte stappenplan geldt hierbij. Stap 3, 4 en 5 vallen als het ware samen. Een telefoontje naar de bibliotheekmedewerkers is de actie. Er hoeven verder geen ingewikkelde besluiten genomen te worden. Het eerste besluit, 'het signaal is heel specifiek en vraagt geen omvangrijk onderzoek', leidt direct tot actie. De terugkoppeling van de stafmedewerker aan de sociaal werker en de terugrapportage van de bibliotheekmedewerker aan het sociaal werk is de laatste stap (stap 6).

4.2 Nieuw aanbod voor mannen met stressklachten

Uit een overleg tussen het Algemeen Maatschappelijk Werk (AMW) en een gezondheidscentrum komt naar voren dat huisartsen relatief veel werkende mannen tussen de veertig en vijftig jaar op het spreekuur krijgen met aan werk gerelateerde stressklachten. De huisartsen willen hun eigenlijk geen medicijnen voorschrijven en vragen zich af of het AMW mogelijkheden ziet in hulp aan deze groep mannen. Het AMW heeft geen gestructureerd aanbod voor deze hulpvraag. Het bespreekt het signaal met maatschappelijk werkers. Zij herkennen het en geven aan dat het zinnig en mogelijk is een aanbod voor deze doelgroep te ontwikkelen. Na een nader onderzoek wordt besloten een aanbod aan het gezondheidscentrum te doen en na een jaar te evalueren.

Ordening

We leggen het voorbeeld weer langs de meetlat. Stap 1: het signaal is opgevangen. Het wordt vervolgens gewogen in een overleg tussen maatschappelijk werkers en het management (stap 2). Conclusie is dat het signaal relevant en ernstig genoeg is, omdat volgens de huisartsen relatief veel mannen deze klachten presenteren.

Het AMW is geschoold in kortdurende gestructureerde hulp aan mensen met niet al te ernstige problemen. Een aantal werkers heeft gelezen over een geschikt preventieprogramma op het gebied van werk en stress. Zij zien een dergelijk aanbod als een verrijking van het reguliere aanbod van het maatschappelijk werk.

Het management vindt dat nader onderzoek moet uitwijzen of een dergelijk aanbod inderdaad aan zal sluiten bij de problemen en de vraag (stap 3, controleren van de ernst van het signaal). Wanneer blijkt dat er inderdaad alle reden is een dergelijk aanbod te doen, besluit het management verdere actie te ondernemen. Belangrijke argumenten zijn het aanwezige draagvlak voor het aanbod bij de medewerkers en de haalbaarheid ervan (stap 4).

Vervolgens wordt besloten een aantal werkers te laten scholen in het nieuwe programma en het programma bij wijze van experiment gedurende een jaar in het gezondheidscentrum aan te bieden. Met het gezondheidscentrum worden afspraken gemaakt over de indicatiecriteria voor deelname aan het programma (stap 5). De terugkoppeling aan de huisartsen en de geplande evaluatie zijn de laatste stap (stap 6). De evaluatie zal duidelijk moeten maken of het aanbod aan de verwachtingen voldoet en gecontinueerd wordt.

4.3 Informatie over regelingen

Via het signaleringsformulier is bij het sociaal raadsliedenwerk van een welzijnsinstelling het signaal naar voren gekomen dat mensen slecht op de hoogte zijn van de regels rondom de terugbetaling van een te veel ontvangen bedrag aan bijstandsuitkering. Zo moeten mensen die te veel bijstand hebben ontvangen, dit bedrag bruto terugbetalen wanneer het kalenderjaar verstreken is. Wanneer het terugbetaald wordt in hetzelfde jaar, mag het nettobedrag terugbetaald worden. Als mensen het brutobedrag moeten terugbetalen, kunnen ze dit als negatief inkomen opgeven bij de belastingaangifte, waardoor ze het gedeeltelijk weer kunnen terugvorderen. Van deze regeling wordt nauwelijks gebruikgemaakt. De signaleringsformulieren worden door de stafmedewerker verzameld en er wordt een kort analyserapport opgesteld.

Naar aanleiding van dit analyserapport wordt overleg gepleegd met de sociale dienst, omdat het signaal direct raakt aan hun dienstverlening. Uit onderzoek binnen de sociale dienst blijkt dat er weinig specifieke informatie wordt verstrekt over dit onderwerp. Dit leidt ertoe dat er een gezamenlijk experiment wordt opgezet met de afdeling sociaal raadsliedenwerk, waarin sociaal raadslieden informatiefolders uitdelen aan hun cliënten en de sociale dienst voor een jaaroverzicht zorgt waarin de terugbetaalde bijstand gespecificeerd is. Het experiment slaagt, dat wil zeggen dat er op grote schaal T-biljetten ingeleverd worden. Daarom besluit de sociale dienst dat voortaan iedereen een overzicht krijgt over de terugbetaalde bijstand en de mogelijkheid tot terugvordering. De sociaal raadslieden zullen hun cliënten hier ook op wijzen en houden een vinger aan de pols.

De andere afdelingen van de welzijnsorganisatie worden van het resultaat op de hoogte gebracht, zodat zij hun cliënten in voorkomende gevallen ook deze informatie kunnen verschaffen.

Ordening

Wat is in het voorgaande precies gebeurd? Het signaal wordt opgepikt door de sociaal raadslieden van de welzijnsorganisatie. Via signaleringsformulieren komt het bij de stafmedewerker terecht (stap 1). Deze vindt het belangrijk genoeg om te analyseren (stap 2). Criteria hiervoor zijn: specificiteit en beleidsrelevantie. Het specifieke beleid betreft in dit geval de keuze van de instelling om de aandacht vooral te richten op de kansarmen in de samenleving; uitkeringsgerechtigden vallen daaronder.

De analyse, stap 3, is in eerste instantie gericht op het beschrijven van wat precies het probleem is en vervolgens op het zicht krijgen op de omvang van het probleem. Om de omvang helder te krijgen worden medewerkers geactiveerd om de hun bekende gevallen op te sporen en te melden.

Stap 4 is de besluitvorming over de te ondernemen actie. Er wordt besloten tot actie op grond van de frequentie en haalbaarheid van de actie. Het verschijnsel is door elke medewerker wel één of twee keer waargenomen gedurende de laatste zes maanden; en het was niet veel werk om het door te geven aan de sociale dienst.

Stap 5 is het attenderen van de sociale dienst. Dit leidt bij de sociale dienst tot een nadere analyse. Een mogelijke oorzaak blijkt de onvoldoende informatievoorziening te zijn. Dit leidt tot een gezamenlijk experiment en vervolgens tot een beleidsbijstelling bij de sociale dienst. Terugkoppeling van dit resultaat aan de welzijnsinstelling levert een positieve beoordeling op van ondernomen actie (stap 6).

4.4 Een meidenbus

In een kwetsbare buurt in een grote stad hangen jongens vaker op straat rond en veroorzaken zij meer overlast dan meiden. Meiden zijn meer thuis, op school of aan het werk. Ze hebben het druk met huiswerk, de zorg voor hun familie en bijbaantjes. Op straat hangen, zoals hun broers doen, is er voor hen niet bij. Hierdoor zijn zij minder zichtbaar voor het streetcornerwork. De veldwerkers van het streetcornerwork merken al geruime tijd dat meiden pas in een laat stadium hulp vragen, als de problemen al geëscaleerd zijn. Het kost dan veel inspanning, als het al lukt, om de meiden weer op het goede spoor te krijgen. Zij vinden dat hier een oplossing voor moet komen en bedenken tijdens een overleg een *meidenbus*: een bus alleen voor meiden, die op plekken staat waar zij vaak komen, zoals bij de supermarkt waar ze werken of bij de school. Nadat de werkers een plan hebben opgesteld en dit aan het management hebben voorgelegd, wordt het groene licht voor dit experiment gegeven, mits er externe financiering voor gevonden wordt. Dit lukt, en de meidenbus is ingezet als een vernieuwend en experimenteel middel om het bereik onder meiden en jonge vrouwen met meervoudige problematiek te vergroten. De veldwerkers leggen contact in en rondom de bus, informeren meiden, geven voorlichting en kunnen, indien nodig, ter plekke een begeleidingstraject starten. De meiden worden uitgenodigd om in de bus wat te drinken of even te kletsen. Een veldwerker kan een meisje leren kennen en daardoor voor haar de drempel verlagen om advies te vragen. Het experiment wordt geëvalueerd om te kijken of het kan worden uitgebreid en of het ingezet kan worden als een 'regulier middel' om de doelgroep vroegtijdig in het vizier te krijgen.

Ordening

Als we kijken hoe de stappen in dit proces zijn genomen, dan valt op dat het proces zich uitspreidt over een aantal jaren en duidelijk van 'onderaf', door de veldwerkers zelf, wordt geïnitieerd. Signalen dat meiden minder goed bereikt worden dan jongens, omdat zij minder op straat rondhangen en daardoor minder zichtbaar zijn, worden al geruime tijd opgevangen door de veldwerkers van het streetcornerwork (stap 1). De beslissing of het signaal relevant genoeg is om er iets mee te doen, wordt genomen door de veldwerkers die met meiden werken. Zij komen in hun onderlinge overleg tot de overeenstemming dat het tijd is om meer meiden te bereiken (stap 2) en brainstormen over een oplossing. De analyse (stap 3) bespreken zij met elkaar: ze zien in hun werk dat meiden die ze kunnen bereiken meer verantwoordelijkheidsgevoel hebben ten aanzien van school, familie en werk en zich minder kunnen permitteren om uit de pas te lopen; ze hebben vaker een baantje, zorgen vaker voor familieleden, gaan vaker naar school en hebben geen tijd om op straat rond te hangen.

Als het idee van de meidenbus ontstaat, besluiten de veldwerkers deze analyse te verdiepen door meiden uit de doelgroep te interviewen en het registratiesysteem te raadplegen. Vervolgens leggen ze hun plan voor aan het management. Dat besluit dat actie wenselijk is, maar dat extra externe financiering nodig is voor de uitvoering (stap 4). Wanneer die financiering rond is, kunnen de meidenwerkers aan de slag met het verwezenlijken van hun plan (stap 5).

Nu de meidenbus een tijdje loopt en meiden inderdaad veel beter bereikt lijken te worden, gaat de organisatie aan de slag met een uitgebreide evaluatie ervan (stap 6). Als de evaluatie positief is, kan de meidenbus mogelijk ook in andere regio's worden ingezet.

4.5 Onbekend met eigen talenten

Een vrouw van Somalische afkomst klopt aan bij het maatschappelijk werk. De sociaal werker die met haar in gesprek gaat, constateert dat deze vrouw behoorlijk wat in haar mars heeft maar dat zelf niet zo ervaart: de vrouw lijkt gewend te zijn aan het benoemen van wat ze niet kan in plaats van wat ze wel kan. De sociaal werker realiseert zich door dit contact dat zij veel vaker bij vrouwen van vluchtelingen- en migrantenafkomst signaleert dat zij hun eigen talenten niet kennen en benutten, waardoor ze afhankelijk blijven van professionele instanties. Dit terwijl er voortaan meer zelfredzaamheid van burgers wordt verwacht.

Ze overlegt binnen de instelling over de relevantie van het signaal. Deze wordt erkend en dus gaat ze erover in gesprek met een ambtenaar van sociale zaken van de gemeente. Deze ambtenaar herkent het signaal ook direct. Vervolgens legt de sociaal werker haar signaal voor aan netwerkpartners die veel contact hebben met vrouwen in dergelijke situaties; ook deze organisaties herkennen het en kennen vrouwen uit de doelgroep voor wie hetzelfde geldt. In onderling overleg wordt besloten deze vrouwen uit te nodigen voor een bijeenkomst. Op deze bijeenkomst legt de sociaal werker de vrouwen niet alleen het signaal voor, maar ook een plan om het op te pakken. Ze stelt de vrouwen voor om ontmoetingen te organiseren tussen vrouwen onderling, waarin zij hun talenten ontdekken en elkaar op praktische wijze ondersteunen. De vrouwen vinden het een goed idee. De sociaal werker besluit in overleg met het management van haar instelling aan de slag te gaan.

Met behulp van bestaande methodes zoals 'Naar een grotere wereld' ontwikkelt de sociaal werker een werkwijze voor de vrouwengroepen. De vrouwengroepen krijgen de naam 'Actieve vrouwengroepen' mee. In deze groepen wordt een aantal 'gidsvrouwen' benoemd, vrouwen die meer ervaren zijn in het leggen van sociale contacten en het ontdekken van kwaliteiten en dit graag met andere vrouwen willen delen. Zij weten ook waar de behoeften liggen van andere vrouwen binnen hun netwerk. In de Actieve vrouwengroep worden deze vrouwen de trekkers.

De vrouwengroep groeit uit tot een succes: vrouwen ontmoeten elkaar, bekijken samen wat hun talenten zijn en hoe ze die voor anderen kunnen inzetten. De een blijkt te kunnen oppassen op de kinderen van de ander, de ander kan Nederlandse les geven, terwijl weer een ander de vrouwen computercursussen kan geven. Ook komen er onderwerpen aan bod als gezond leven, het leggen van sociale contacten, opvoeding en solliciteren. Het mes snijdt aan twee kanten: vrouwen krijgen meer zelfvertrouwen door een ander te helpen én zij worden geholpen met praktische tips en oplossingen.

Ordening

De eerste stap van signaleren, signalen verzamelen, is niet bewust genomen maar gebeurt als vanzelf in het contact met een cliënt: de sociaal werker ziet een overeenkomst tussen de situaties van verschillende cliënten. De tweede stap is het nemen van de beslissing om dit signaal al dan niet op te pakken. Dit doet de sociaal werker in overleg met haar organisatie. Nadat de ambtenaar van sociale zaken haar signaal heeft bevestigd, analyseert zij het signaal verder door het raadplegen van haar netwerkpartners én van de doelgroep zelf (stap 3). Ze legt hun niet alleen het signaal voor, maar ook een voorstel voor een aanpak. Aan de hand van de enthousiaste reacties besluit ze in overleg met haar organisatie dat het haalbaar is om er echt mee aan de slag te gaan (stap 4). Dit leidt vervolgens tot de vijfde stap: uitvoering van het plan. Stap 6, de evaluatie, is nog niet uitgevoerd.

4.6 Aan de slag met vrijwilligers

Net als bij veel andere organisaties voor welzijn en maatschappelijke dienstverlening, heeft het Algemeen Maatschappelijk Werk (AMW) in een middelgrote plaats regelmatig cliënten die behoefte hebben aan een zogenoemd steun-en-leuncontact. Het zijn geen cliënten met grote problemen, maar ze hebben en houden wel behoefte aan ondersteuning. In hun eigen netwerk kunnen zij deze niet vinden. De meeste van deze cliënten hebben moeite met het aangaan van nieuwe contacten. Wanneer ze te maken krijgen met een lastige situatie of een moeilijk probleem, vragen ze hun sociaal werker steeds opnieuw om steun.

Een sociaal werker signaleert dit en wil hier graag mee aan de slag. Er staan bezuinigingen voor de deur en de wachtlijst groeit. 'Zou er voor deze cliënten geen andere oplossing voor ondersteuning mogelijk zijn?', vraagt ze zich af. Ze besluit in overleg met haar manager zich hierin verder te verdiepen en vraagt collega's naar hun ervaringen met deze cliënten en vraagt hun hun *caseload* na te lopen. Ook zoekt ze uit of er al een aanbod is voor deze groep 'steun-en-leun'-cliënten bij andere organisaties. De sociaal werker concludeert dat het wenselijk is om voor deze groep cliënten een aanbod te ontwikkelen. Ze ziet een oplossing in het opbouwen en vergroten van het netwerk van de cliënt; een aanpak die past bij de *sociale netwerkstrategie* die de organisatie belangrijk vindt. Ze bespreekt haar bevindingen met haar manager en het toeval wil dat die net op de hoogte is gesteld van de mogelijkheid voor het aanvragen voor gemeentelijke subsidie voor een nieuw vrijwilligersproject. De sociaal werker krijgt de opdracht om aan de slag te gaan met het ontwikkelen van een project waarin mensen worden geholpen door vrijwilligers – in het project coaches genoemd – om hun eigen netwerk op te bouwen en uit te breiden. Dit gebeurt doordat de vrijwilliger en de cliënt samen dingen gaan ondernemen. Ook stimuleert de vrijwilliger de cliënt om zelf actief te worden in een vereniging of club en ondersteunt hij hem daarbij. De bedoeling is dat de cliënt hierdoor een groter draagvlak krijgt voor steun bij het omgaan met enkelvoudige problemen en meer plezier krijgt in het leven doordat er mensen om hem heen komen te staan.

De sociaal werker en haar collega's gaan aan de slag met een pilot: zij kloppen aan bij Humanitas voor vrijwilligers en zorgen er samen met deze organisatie voor dat deze scholing krijgen. Ook organiseren ze intervisiebijeenkomsten. Uiteindelijk begint het project vorm te krijgen. Tussendoor wordt de werkwijze steeds geëvalueerd en bijgesteld. Een jaar na de start van het project vindt er een eerste officiële evaluatie plaats waaraan de vrijwilligers deelnemen. Op basis daarvan zal in overleg met Humanitas besloten worden in welke vorm het project verdergaat. Mogelijk wordt het volledig overgedragen aan Humanitas en draagt het AMW cliënten aan.

Ordening

Het signaal is al langere tijd bekend binnen de instelling. Een van de sociaal werkers pikt dit signaal in overleg met de manager actief op. De eerste stap, het verzamelen van signalen, en de tweede stap, het beslissen of deze relevant genoeg zijn om op te pakken, lopen dus gedeeltelijk in elkaar over.

Vervolgens gaat de sociaal werker aan de slag met het analyseren van het signaal (stap 3). Dit doet zij door bij haar collega's te informeren, de caseload na te lopen en na te gaan wat er al voor de doelgroep gebeurt. De organisatie neemt het besluit (stap 4) om er iets mee te doen, omdat er nog geen aanbod voor deze doelgroep is. Ook speelt mee dat er subsidie beschikbaar is voor een vrijwilligersproject. De sociaal werker krijgt de opdracht om actie te ondernemen (stap 5) om een nieuw aanbod te ontwikkelen. Vervolgens wordt Humanitas erbij gevraagd. In gezamenlijk overleg wordt een pilot opgezet waarin geleerd wordt en op basis waarvan het aanbod bijgesteld wordt. Dat betekent dat de evaluatie (stap 6) gedeeltelijk plaatsvindt tijdens het project. Deze stap zal nog worden uitgebreid: wanneer het project een jaar loopt, vindt er een evaluatie plaats. Dan wordt samen met samenwerkingspartner Humanitas besloten hoe het project wordt gecontinueerd.

4.7 Signalerend activeringsonderzoek in de buurt

In een buurt in een middelgrote gemeente wil de organisatie voor welzijn en maatschappelijke dienstverlening meer inzicht krijgen in de motieven van bewoners om al dan niet te participeren. Daarnaast wil de organisatie ook beter zicht hebben op de aanwezige kwaliteiten in de buurt. De aanleiding hiervoor is dat de gemeente, in navolging van de veranderende maatschappelijke opvattingen, wil dat bewoners meer verantwoordelijkheid nemen voor elkaar en hun eigen (leef)omgeving. Het activeren van bewoners is de centrale opdracht van de organisatie. Het ontbreekt de organisatie aan capaciteit om het benodigde buurtonderzoek intensief uit te voeren. Het is echter wel noodzakelijk, ook om erachter te komen hoe realistisch de verwachtingen van de gemeente en de organisatie zijn over de mogelijkheid om bewoners op enige schaal betrokken te krijgen bij hun omgeving. De organisatie zoekt daarom contact met de hogeschool die in het kader van de minor 'Werken in de wijk' een project heeft lopen waarin negen vierdejaarsstudenten, onder begeleiding van docenten en een lectoraat, onderzoek doen. Het betreft een integraal onderzoek in een buurt rond het thema 'vernieuwend sociaal werk in de wijk'. Door de vraag van de organisatie te koppelen aan het integraal onderzoek van de studenten is het mogelijk om in een kort tijdsbestek honderd activerende interviews met bewoners te houden. Daarnaast houden de studenten interviews met (professionele) sleutelpersonen en wordt statistische informatie verzameld over de buurt.

Op basis van deze verkenning door de studenten wordt een rapport opgesteld waarin uitgebreid beschreven wordt waar de knelpunten in de buurt zitten, welke kansen er liggen, en wat bewoners wel en niet kunnen en willen oppakken. Er wordt een mooi onderscheid gemaakt in actieve, afwachtende, afzijdige en afhankelijke bewoners. Het rapport bevat concrete aanbevelingen voor hoe bewoners meer betrokken kunnen worden bij elkaar en bij de omgeving, waarmee de bewoners en de organisatie aan de slag kunnen. De resultaten van het onderzoek en de concretisering ervan door de organisatie worden gepresenteerd op drukbezochte bijeenkomsten van professionals én van bewoners.

Ordening

Van bewoners in een buurt wordt door de gemeente verwacht dat zij een grotere rol gaan spelen om de kwaliteit van de leefomgeving in hun buurt te versterken. De gemeente verwacht van de maatschappelijke organisatie dat zij dit bewerkstelligt. Het ontbreekt deze organisatie op dat moment echter aan informatie over de bewoners en hun motivatie om al dan niet te participeren in de buurt: er zijn signalen om het werk anders te doen, maar ze zijn nog ongrijpbaar (stap 1). Doordat de gemeente sterker begint te hameren op de andere opdracht van sociaal werk (meer inzetten op eigen kracht van burgers) wordt de noodzaak groot om te kijken of dat beroep op de burgers wel mogelijk is: er wordt op basis van een eerste analyse en de urgentie van de vraag besloten dat er verdere analysestappen nodig zijn (stap 2).

Er wordt gekozen voor een nadere analyse, waarvoor veel meer informatie noodzakelijk is. De capaciteit om deze analyse uit te voeren ontbreekt echter en daarom wordt contact gezocht met de hogeschool. Doordat de lijn tussen de organisatie en de minor 'Werken in de wijk' kort is (door zowel zakelijke als persoonlijke contacten), is de verbinding snel gelegd. Samen met de studenten en het lectoraat wordt gezocht naar een goede manier om gegevens te verzamelen. Op basis van de verzamelde gegevens wordt een analyserapport opgesteld (stap 3), dat tevens veel aanknopingspunten bevat om acties uit te gaan voeren. Tijdens de presentaties en discussies over het rapport (maar ook al tijdens de activerende interviews) worden eerste stappen gezet om te kijken welke acties ook daadwerkelijk uitgevoerd kunnen en zullen gaan worden en welke rol de verschillende partijen (organisaties en bewoners) daarin hebben (stap 4 en 5). De sociaal werkers van de organisatie zijn met de bewoners (van wie een flink aantal voorheen nog niet in beeld was) verder aan de slag gegaan om de inzet voor de buurt en haar bewoners te vergroten. De samenwerking op het gebied van activerende signalering tussen de organisatie voor welzijn en maatschappelijke dienstverlening en de opleiding sociaal werk is geëvalueerd en smaakt naar meer (stap 6).

5 Toepassing van signaleren in de organisatie

Na de uitleg van de signaleringsprocedure en de illustratie van de werking van het model aan de hand van praktijksituaties, volgen in dit hoofdstuk enkele richtlijnen voor het stimuleren van signaleren door medewerkers en de toepassing van het model in de instelling. Voor instellingen zijn er twee belangrijke uitdagingen op dit terrein.

Allereerst gaat het om de competenties van de sociaal werkers in de instelling. Voor het goed uitvoeren van signaleren zijn er bij sociaal werkers bepaalde competenties nodig die nu nog niet bij iedereen gemeengoed zijn. Het gaat om een houding die zich kenmerkt door alertheid op wat er zich buiten de wereld van de hulp- en dienstverlening afspeelt, geloof in de veranderbaarheid van omstandigheden, de (eigen) kracht van burgers en de overtuiging dat voor signalering samenwerking nodig is. Attitudes van mensen worden niet zomaar gevormd; dat is vaak een langdurig proces, dat ook om onderhoud op basis van gezamenlijke visievorming vraagt. Naast deze houding gaat het ook om kennis van de samenleving en vaardigheden om systematisch te signaleren. Hoe kan de instelling een bijdrage leveren aan het stimuleren van een dergelijke attitude, kennis en vaardigheden die nodig zijn om systematisch te kunnen signaleren?

Daarnaast moet de instelling stappen ondernemen om de signaleringstaak te verankeren in het beleid en de organisatie. Als dat niet of onvoldoende gebeurt, zal het signaleren weinig opleveren. De kans is dan groot dat signalen in de kiem worden gesmoord door een paar medewerkers, en dat er weinig mee gebeurt.

Het gaat, in andere woorden, om twee vraagstukken:
1 Wat kan de instelling doen om medewerkers te stimuleren in het signaleren?
2 Wat kan de instelling doen om signaleren kans van slagen te geven?

De in dit hoofdstuk beschreven aandachtspunten over beleid, menskracht, organisatie, deskundigheid en het vieren van successen zijn hiervoor belangrijk.

5.1 Signaleren vraagt om beleid

Signaleren zal deel moeten uitmaken van het beleid van de instelling. De instellingen die signaleren serieus nemen, hebben allemaal een visie op het belang van signaleren en proberen met gerichte inspanningen die visie vorm te geven. Omdat de maatschappelijke opdracht van sociaal werk aan verandering onderhevig is, is het belangrijk om niet alleen een visie op het belang van signaleren te hebben, maar ook op het type signalen dat belangrijk is. Op studiedagen waarin de visie en de missie van de instelling ter discussie staan, kan hierbij stilgestaan worden. Dit kan ertoe leiden dat er besloten wordt extra aandacht te schenken aan een bepaald type signalen. Wanneer bijvoorbeeld duidelijk is dat de dienstverlening in een gemeente door bezuinigingen fors verschraalt – er worden instellingen opgeheven – dan kan besloten worden extra alert te zijn op burgers die hierdoor mogelijk in de problemen komen.

Vastleggen in een eigen beleidsnota

Een mogelijkheid is om een korte beleidsnota over signaleren op te (laten) stellen. In zo'n nota maakt de instelling duidelijk waarom signaleren belangrijk is, welke doelstellingen hiermee worden nagestreefd en welke middelen en activiteiten (inspanningen) daartoe worden ingezet. Een beleidsperiode beslaat vaak ongeveer vijf jaar. In een jaarwerkplan kunnen de inspanningen op het gebied van signaleren meer gedetailleerd worden beschreven en kan het afgelopen jaar op waarde worden geschat (evaluatie).

Een dergelijke beleidsnota heeft zowel een interne als een externe functie. De interne functie is dat alle medewerkers op de hoogte (kunnen) zijn van het te voeren beleid en weten welke activiteiten door wie worden uitgevoerd. De instelling laat zien welk belang aan signaleren wordt gehecht en de medewerkers worden allen periodiek geïnformeerd over de resultaten van de inspanningen, ook als ze niet of nauwelijks bij de activiteiten betrokken zijn geweest.

De externe functie van een beleidsnota is het informeren van de buitenwacht over de intenties van de instelling. Zoals we gezien hebben, is samenwerking bij signaleren van groot belang. Signalen kunnen in netwerken van hulpverleners en managers onderzocht en getoetst worden. Samen kunnen instellingen actie ondernemen om aan een misstand of dreigende situatie een eind te maken. Voor die samenwerking is het nodig dat instellingen van elkaars voornemens op de hoogte zijn. Met een beleidsnota wordt bovendien de gemeentelijke overheid op de hoogte gebracht en daarmee legt de instelling verantwoording af over het haar toegekende gemeenschapsgeld.

Vastleggen in een gezamenlijke beleidsnota of signaleringsconvenant

Een andere optie is dat de nota volledig samen met andere instellingen in hetzelfde werkgebied wordt ontwikkeld. Zo ontstaat er een gezamenlijk plan waarin staat beschreven hoe signalen in een bepaald gebied worden opgepakt. Ook worden de rollen van de verschillende organisaties hierin vastgelegd: wie is voor welke taak verantwoordelijk? Ook kan hierin beschreven worden wie voor welke kwetsbare doelgroepen bijzondere aandacht heeft, en wie zich juist richt op de krachten in de buurt, met de bedoeling om deze twee lijnen met elkaar te verbinden. Belangrijk is dat de gemeente in enige vorm de regierol heeft bij de totstandkoming van zo'n nota. De gemeente heeft een publieke verantwoordelijkheid om signalen op te pakken (zie bijvoorbeeld de horizontale verantwoordingsplicht die zij volgens de Wmo heeft). Zo'n nota kan overigens ook worden ingevuld als paragraaf in het Wmo-beleid of sociaal beleid. Belangrijk hierbij is wel dat de gemeente in staat is om een neutrale positie in te nemen. Signalen kunnen immers ook betrekking hebben op knelpunten die ontstaan door gemeentelijk beleid of handelen. De sociaal werker en de organisatie waar hij werkt houden ook altijd hun eigen verantwoordelijkheid bij het signaleren.

5.2 Signaleren vraagt om menskracht

Signaleren vereist formatie. Zeker in de opbouwfase is het nodig specifieke medewerkers voor een bepaald aantal uren per week vrij te stellen van hun gebruikelijke werkzaamheden voor het uitvoeren van activiteiten in het kader van de signaleringstaak.

Het is lastig om hiervoor normen te geven, omdat die afhankelijk zijn van onder meer de lokale situatie, het instellingsbeleid en de gevraagde inspanningen. Gezien de ervaringen van instellingen adviseren wij om binnen de formatie in ieder geval een aantal uren specifiek te reserveren voor signaleren en met name het uitvoeren van signaleringsonderzoek. Het is belangrijk om voor de signaleringsfunctie een bruggenhoofd in de instelling te creëren, waardoor de continuïteit van activiteiten minder kwetsbaar is. Deze formatie zal ook expliciet bij de hoofdfinancier en/of opdrachtgever (bijvoorbeeld de gemeente of een zorgverzekeraar) als integraal onderdeel van het dienstenaanbod ingebracht moeten worden.

5.3 Signaleren vraagt om organisatie

Het zal duidelijk zijn dat signaleren zonder organisatie, ondanks goede bedoelingen, niet van de grond komt. Beleid maken en menskracht ter beschikking stellen zijn belangrijke stappen, maar bieden nog onvoldoende garantie voor succesvolle uitvoering van de signaleringstaak. Als het daarbij blijft, is het gevaar groot dat signaleren bij mooie woorden blijft of de hobby is van een goedwillende enkeling. Signaleren vraagt om een organisatorische inbedding in de instelling, zodat op hoofdlijnen duidelijk is welke signaleringstaken worden uitgevoerd, welke mensen dat doen en welke verantwoordelijkheden daarbij horen.

Wat moet in ieder geval georganiseerd worden? We volgen de stappen uit het model. Ten eerste moet het actief verzamelen van signalen goed georganiseerd zijn. Vaak zijn er genoeg activiteiten die signalen opleveren. Denk aan netwerken, intern overleg, registratie enzovoort. Het opvangen van bepaalde signalen vraagt wellicht om de organisatie van gerichte activiteiten. Denk bijvoorbeeld aan het raadplegen van bewoners of het organiseren van een gezamenlijke bijeenkomst met de diverse lokale zelforganisaties. Het maakt niet uit hóe de signalen verzameld worden (via overleg, signaleringsformulieren, registratie), maar in ieder geval moet voor iedereen duidelijk zijn wáár signalen afgegeven kunnen worden. Zorg voor ten minste één duidelijke plek waar de signalen worden opgevangen. In dit digitale tijdperk is het registratiesysteem vaak een logische plek. Ook moet er voor deze stap worden afgesproken hoe en door wie de signalen bijgehouden of geregistreerd worden.

Ten tweede moeten er afspraken zijn over hoe te beslissen over al dan niet verdergaan met een signaal. Vastgelegd moet worden wie er de spreekwoordelijke knoop doorhakt: bij enkelvoudige en eenduidige signalen kan dat de sociaal werker zelf zijn, bij meer complexe signalen kan bijvoorbeeld een beleids- of stafmedewerker of teamleider beslissen.

Ook voor de derde stap, de analyse, moeten afspraken worden gemaakt: zeker wanneer de analyse meer dan gemiddelde inspanningen vergt is een goede organisatie nodig, zodat de tijd en energie doelmatig worden ingezet. Een projectmatige aanpak, zoals beschreven in de bijlage bij stap 3 (zie p. 98), is daarvoor een uitstekend middel.

Vervolgens moet er afgesproken worden op welke manier en door wie er besloten wordt of actie wenselijk en haalbaar is. Dit is de organisatie van stap 4.

Ten slotte gaat het om de organisatie van de acties die uit de signalen volgen: stap 5. Zoals in het model en de praktijkvoorbeelden aangegeven is, kunnen de acties die ten gevolge van de signalen worden genomen, aanzienlijk verschillen. Soms gaat het om eenmalige activiteiten, die kortdurend de inzet van een persoon vragen. In andere gevallen gaat het om langer durende activiteiten, die mogelijk een groter beslag op tijd en middelen leggen. Zorg ervoor dat voor iedere activiteit een passende organisatie wordt gevonden, waarbij een oud principe uit de organisatieleer als leidraad kan dienen: organisatie volgt altijd de inhoud.

5.4 Signaleren vraagt om deskundigheid

In de inleiding van dit hoofdstuk kwam het belang van een 'signaleringsattitude' reeds aan de orde. Waaruit bestaat deze attitude? In wezen bestaat die uit een positieve houding ten opzichte van mogelijkheden van signalering in de beroepspraktijk. Meer specifiek zijn belangrijke kenmerken van deze attitude:
- maatschappelijk engagement, maatschappelijke betrokkenheid bij kwetsbare groepen;
- oog voor structurele oorzaken van individuele problemen;
- bereidheid tot samenwerken;
- geloof in veranderbaarheid van omstandigheden;
- praktische instelling;

5.4 Signaleren vraagt om deskundigheid

- het nut en de noodzaak ervaren van het betrekken van en samenwerken met (kwetsbare) burgers.

Naast een bepaalde attitude is het nodig dat medewerkers over de kennis en vaardigheden beschikken om de verschillende stappen uit het model goed uit te voeren. In principe biedt het kwalificatieniveau van een sociaal werker op hbo-niveau hiervoor voldoende houvast. Wellicht moeten medewerkers extra deskundigheid verkrijgen op het gebied van het analyseren van signalen. Dat betekent onder meer vaardigheden in:

- eenvoudige onderzoekstechnieken; het gaat om praktijkgericht onderzoek voor en met de doelgroep (ook wel participatief onderzoek genoemd);
- het betrekken van en samenwerken met kwetsbare burgers/werken vanuit een participatieve benadering;
- samenwerking met ketenpartners;
- projectmatig werken;
- onderhandelen en conflicthantering;
- presenteren en schrijven;
- vergelijken van landelijke trends uit de vakliteratuur en landelijke politiek met de eigen waarnemingen en de waarnemingen van cliënten, collega's, actieve burgers en samenwerkingspartners;
- het inzetten en gebruikmaken van social media bij signaleren.

Sociaal werkers dienen hiervoor kennis in huis te hebben van:
- wet- en regelgeving in het sociale domein;
- Wmo-beleid in het eigen werkgebied;
- (de grenzen aan) participatie van kwetsbare groepen/participatieve benadering;
- veelvoorkomende problematiek onder kwetsbare groepen (schulden, huiselijk geweld enzovoort);
- veelgebruikte copingstrategieën van kwetsbare groepen;
- machtsverschillen tussen burgers door verschillende posities in de samenleving voor wat betreft onder andere sociaaleconomische status, opleidingsniveau, sekse, cultuur, etniciteit, seksuele voorkeur, leeftijd, verblijfsstatus, handicaps, chronische ziekten en de gevolgen daarvan voor het dagelijks functioneren;
- basiskennis van lichamelijke, psychische en verstandelijke beperkingen;
- effecten van armoede.

Een groot deel van deze competenties behoort tot de basistoerusting van de sociaal werker, maar hierop wordt bij de taak systematisch signaleren in het bijzonder een beroep gedaan.

Het is niet nodig dat alle medewerkers alle deskundigheid in huis hebben. Indien nodig kan de instelling besluiten een aantal medewerkers te laten bijscholen.

Dat is echter niet gemakkelijk, omdat er weinig specifieke bijscholingscursussen voor signaleren gegeven worden. Het is aan te bevelen om samen met (kennis)partners in de regio een dergelijk aanbod te ontwikkelen. Lectoraten van hogescholen, die immers ook regionaal zijn georganiseerd, kunnen hierin een rol spelen.

5.5 Signaleren vraagt om het vieren van succes

Niets is zo motiverend als het vieren van behaalde successen. Als er een nieuwe speeltuin is gekomen, de sociale dienst zijn beleid heeft veranderd, een school een nieuw pestprotocol heeft ingesteld of de huizen in een wijk worden opgeknapt, is dit het waard om even bij stil te staan. Het proces en het resultaat kunnen bijvoorbeeld gepresenteerd worden tijdens een vergadering, teamdag of een feestelijke gelegenheid als een borrel. Ook kan het gedeeld worden via een interne nieuwsbrief of op intranet. Vanzelfsprekend is het cruciaal om de successen geregeld te vieren samen met de burgers met wie, door wie en voor wie de successen zijn behaald. Maak de successen zichtbaar en zorg ervoor dat het eigenaarschap van het succes zo veel mogelijk wordt toegeschreven aan betrokken burgers, cliënten en bewoners.

Door het vieren van de successen wordt voor andere medewerkers duidelijk dat systematisch signaleren tot concrete resultaten kan leiden. Dit kan de motivatie om systematisch te signaleren vergroten. Ook kan het ervoor zorgen dat andere managers of leidinggevenden worden overtuigd van het nut en de noodzaak van signaleren.

De essentie van signaleren

Signaleren is:

Opvangen en betekenis toekennen
Het opvangen van en betekenis toekennen aan gebeurtenissen binnen en buiten de beroepspraktijk, die de sociaal-maatschappelijke omstandigheden van groepen burgers beïnvloeden. Signalen kunnen zowel negatief als positief zijn.

Gericht op verbetering
Signaleren is – direct of indirect – gericht op verbetering van de situatie van (kwetsbare) burgers. Het gaat om burgers die cliënt zijn, én om burgers die dat niet zijn. Signaleren kan ook gaan over groepen krachtige burgers: zij kunnen immers ondersteuning bieden aan burgers in een kwetsbare positie.

Signalen kunnen effect uitoefenen op drie niveaus: op micro-, meso- en macroniveau, respectievelijk op het individueel (en sociaal netwerk), op het voorzieningen- en op het (overheids)beleidsniveau.

Een systematisch proces
Signaleren is een cyclisch proces dat systematisch wordt uitgevoerd in een aantal stappen:

Stap 1	Stap 2	Stap 3	Stap 4	Stap 5	Stap 6
verzamelen	*beslissen*	*analyseren*	*beslissen*	*actie uitvoeren*	*evalueren*

Signaleren vraagt:

Beleid
Er is een duidelijke visie op het belang van signaleren en deze is vastgelegd in het beleid van de organisatie. Signaleren wordt opgevat als een natuurlijke professiegebonden taak die in het verlengde ligt van de hulp- en dienstverlening. De doelen zijn helder, evenals de verwachtingen op de korte en lange termijn. De inspanningen die verricht worden liggen in grote lijnen vast.

Menskracht
Er zijn uren beschikbaar voor medewerkers om zich specifiek met de signaleringstaak bezig te houden, zowel in het primaire proces als in een staffunctie. Het is duidelijk wie waarvoor verantwoordelijk is.

Organisatie
Er zijn afspraken gemaakt over de activiteiten die worden uitgevoerd tijdens de verschillende stappen. De sociaal werkers weten wat er van hen wordt verwacht, de verantwoordelijkheden zijn bekend. Er is ook goede feedback naar de signaleerders, en indien van toepassing, naar degenen op wie de signalen betrekking hebben.

Deskundigheid
Er is voldoende kennis en kunde in huis. Waar dat niet het geval is, wordt bijscholing aangeboden. Zo nodig wordt deskundigheid van derden ingeschakeld.

Stap 1 ▪ Signalen actief verzamelen
Signalen zijn gebeurtenissen en constateringen die individuele problemen en situaties overstijgen. Zaken waarvan je als sociaal werker denkt: dat is meer dan een individuele kwestie, dat is een structurele tekortkoming, of hier liggen kansen, of … vul maar in. Zowel binnen als buiten de organisatie en in het werkgebied vang je signalen op: van cliënten, van bewoners, van vrijwilligers, in samenwerkingsverbanden, op straat, maar ook via social media, via de televisie, de krant enzovoort. Door op afgesproken momenten (bijvoorbeeld tijdens teamoverleg) en op vastgestelde wijze (bijvoorbeeld via een signaleringsformulier) te communiceren over signalen binnen de organisatie, ontstaat de mogelijkheid om signalen te agenderen.

Stap 2 ▪ Beslissen: is verdere analyse noodzakelijk?
De verantwoordelijke persoon in de organisatie of het netwerk neemt de beslissing om het signaal al dan niet verder te onderzoeken. Om meer zicht te krijgen op het signaal worden eerst korte en bondige antwoorden geformuleerd op de vier W-vragen: *Wat* is het signaal? *Wie* is erbij betrokken? *Wanneer* is het begonnen? *Waar* speelt het signaal? Daarnaast moet de H-vraag worden beantwoord: *hoe* is het signaal ontstaan? Criteria die vervolgens worden gebruikt om te beoordelen wat er met het signaal gedaan moet worden, zijn:
- Relevantie: in hoeverre raakt het signaal de kern van het beleid?
- Frequentie: is de frequentie waarmee het signaal wordt opgemerkt reden om het signaal verder te onderzoeken of op te pakken?
- Ernst: is het signaal dusdanig ernstig of belangrijk dat het op korte termijn aandacht verdient?
- Specificiteit: is het signaal zo concreet dat er meteen actie ondernomen kan worden?
- Uitvoerbaarheid: is het signaal makkelijk te analyseren?

In veel gevallen is het niet nodig om een signaal uitgebreid te analyseren. De actie vloeit dan logisch voort uit het signaal. In deze gevallen geldt een verkorte procedure: stap 3 vervalt en stap 2 en 4 vallen samen.

Stap 3 ▪ Analyseren
Er is besloten dat het signaal nog niet helder genoeg is om actie te kunnen ondernemen. Een nader onderzoek van het signaal moet informatie opleveren om het signaal beter in beeld te brengen. Er moet een uitgebreider antwoord gegeven worden op de vier W-vragen en de hoe-vraag. De benodigde informatie kan op verschillende manieren verzameld worden, bijvoorbeeld door (dossier)onderzoek in de eigen organisatie, onderzoek van literatuur, praktijkonderzoek (door bijvoorbeeld interviews, enquêtes) en het verder verzamelen van eigen observaties.

Een nader onderzoek naar signalen vergt onderzoeksvaardigheden. Hiervoor kan hulp van buiten worden ingeroepen.

Stap 4 ▪ Beslissen: is actie wenselijk en haalbaar?
Als de analyse is geslaagd, is helder wat er aan de hand is en moet er beslist worden of er actie nodig is. Er zijn dan vier mogelijkheden:
1 actie ondernemen vanuit de eigen organisatie;
2 actie ondernemen vanuit een samenwerking met meerdere organisaties;
3 actie ondernemen om een andere organisatie of overheid aan te sporen tot het veranderen van haar beleid of aanpak;
4 geen actie ondernemen.

Om tot een beslissing te komen gelden de criteria uit stap 2 onverkort, aangevuld met:
▪ Effectiviteit: wegen de kosten (tijdsinvestering, geld, negatieve bijeffecten) op tegen de baten (aansluiting op behoefte, te verwachten effect, maatschappelijk bereik, positieve neveneffecten)?
▪ Haalbaarheid: is er voldoende menskracht en deskundigheid, en zijn er voldoende middelen aanwezig?
▪ Draagvlak: is er voldoende draagvlak bij het professionele veld, de civil society en de betrokken burgers?

Stap 5 ▪ Actie ondernemen
Vaak zal bij stap 4 al besloten zijn welk type actie geschikt is. Een actie kan bestaan uit het onder de aandacht brengen van een signaal bij derden, het bemiddelen bij of bekritiseren van gebreken of tekorten, maar het kan ook bestaan uit het starten van een project (al dan niet met samenwerkingspartners), het aanpassen van het aanbod of de werkwijze, het verbeteren van de samenwerking, het bijscholen van medewerkers, het lobbyen bij de plaatselijke politiek, de Nationale ombudsman enzovoort.

Opgelet!

Voor de voorbereiding en uitvoering van de actie moeten voldoende tijd en middelen beschikbaar zijn of gesteld worden. Daarnaast moeten er van tevoren goede afspraken zijn gemaakt over de verschillende verantwoordelijkheden en ieders aandeel in de actie.

Stap 6 ▪ Evalueren en feedback geven
Om te kunnen besluiten of een actie succesvol is (geweest), zal deze geëvalueerd moeten worden. Het is verstandig om voor het uitvoeren van de actie te bedenken welke vragen beantwoord moeten worden, door wie en hoe. Verschillende vragen zijn dan relevant, bijvoorbeeld:
- Heeft de actie het gewenste resultaat gehad?
- Wegen de kosten tegen de baten op? Was het de moeite waard?
- Wat waren de bevorderende factoren?
- Wat heeft belemmerend gewerkt?
- Wat kan de volgende keer beter in de werkwijze van professionals?
- Wat kan beter in de samenwerking tussen organisaties?
- Waren burgers en/of cliënten voldoende betrokken en actief?
- Moet de procedure van signaleren worden aangepast?

De evaluatie levert informatie over de resultaten van de actie. Deze informatie vormt input om feedback te geven aan betrokkenen: burgers, cliënten en samenwerkingspartners.

Bijlage 1
Signaleringsformulieren

Signaleringsformulier 1*

Sociaal werker: _____
Datum: _____

1 *Kruis aan: het signaal heeft te maken met de volgende situatie/problematiek:*

- ☐ verwerving inkomen
- ☐ besteding
- ☐ huisvesting
- ☐ vorming/opleiding
- ☐ arbeid
- ☐ gezondheid
- ☐ echtscheiding
- ☐ relatie tot partner
- ☐ relatie ouder-kind
- ☐ relatie tot anderen
- ☐ maatschappelijke organisaties
- ☐ multiprobleemgezin
- ☐ verwerking
- ☐ eenzaamheid
- ☐ verslaving
- ☐ overige psychische problemen
- ☐ cultuurverschillen
- ☐ slachtoffer machtsmisbruik/ geweld (misdrijf)
- ☐ anders: _____

2 *Geef aan op welke (doel)groep het signaal betrekking heeft:*

- ☐ algemeen
- ☐ uitkeringsgerechtigden
- ☐ ouderen
- ☐ volwassenen
- ☐ jongeren
- ☐ allochtonen
- ☐ afzonderlijke individuen
- ☐ _____
- ☐ _____
- ☐ _____

3 *Welke instantie(s)/perso(o)n(en) is/zijn er bij de signalering betrokken?*
_____
_____

4 *Geef een korte omschrijving van het opgevangen signaal:*
_____
_____
_____

* Ga naar **www.coutinho.nl/opgelet2** voor deze en de volgende signaleringsformulieren op A4-formaat, om gemakkelijk te printen en in te vullen.

Opgelet!

5 *Is het signaal vaker geconstateerd?*

☐ ja ☐ nee ☐ onbekend

Zo ja, hoe vaak? _____

Door wie?
☐ door mijzelf
☐ door iemand anders, nl. _____

6 *Aanpak. Kruis aan:*

☐ reeds actie ondernomen
☐ verdere actie noodzakelijk
☐ verder onderzoek nodig
☐ voorlopig laten rusten

7 *Ondernomen actie of voorgestelde actie/oplossing:*
_____
_____
_____

8 *Ruimte voor toelichting:*
_____
_____
_____

Signaleringsformulier 2

Sociaal werker: _____
Datum: _____

1 *Vraagstuk (geef een kernachtige omschrijving/sleutelwoord):*

_____
_____

2 *Dit vraagstuk betreft:*

(Doel)groep:
☐ algemeen
☐ uitkeringsgerechtigden
☐ ouderen
☐ volwassenen
☐ jongeren
☐ allochtonen (eventueel nationaliteit)
☐ afzonderlijke individuen
☐ _____
☐ _____
☐ _____

Geografische bepaaldheid:
☐ gehele samenleving
☐ regio
☐ wijk/buurt/straat

3 *De oorzaak van dit vraagstuk ligt bij:*

_____
_____
_____

4 *Ruimte voor toelichting:*

_____
_____
_____
_____
_____
_____
_____

Signaleringsformulier 3

1 *Onderwerp waarop de signalering betrekking heeft:*
_____
_____
_____

2 *Instantie/persoon die bij de signalering betrokken is:*
_____
_____
_____

3 *Is het feit waarop de signalering betrekking heeft recentelijk vaker geconstateerd?*
   ☐ ja   ☐ nee   ☐ onbekend

   Zo ja, hoe vaak? _____

   Door wie?
   ☐ door mijzelf
   ☐ door iemand anders, nl. _____

4 *Is de signalering geverifieerd en zo ja, wat was het resultaat van die verificatie?*
_____
_____
_____

5 *Wil je je bevindingen hier kort en bondig noteren?*
   (Voeg eventueel kopieën van belangrijke stukken bij.)
_____
_____
_____
_____
_____
_____
_____
_____

Datum: _____
Naam: _____

Bijlage 2
Checklists

Checklist Organisatie

voorafgaand aan stap 1

1 *Is er beleid geformuleerd over signaleren?*
   - Welke doelstellingen worden nagestreefd?
   - Sporen deze voldoende met de maatschappelijke opdracht of zijn er thema's die extra aandacht vragen?
   - Welke middelen en activiteiten worden ingezet?

2 *Is er voldoende menskracht om activiteiten ten behoeve van signaleren te verrichten?*

3 *Is de signaleringstaak organisatorisch voldoende uitgewerkt?*
   - Zijn er voldoende activiteiten die signalen op (kunnen) leveren?
   - Biedt het netwerk voldoende houvast (omvang en variatie, frequentie contacten) om signalen op te vangen?
   - Is het voor iedereen duidelijk waar ze met hun signalen terechtkunnen?
   - Zijn er beslissingscriteria om de relevantie van een signaal te beoordelen?
   - Zijn de verantwoordelijkheden goed geregeld?
   - Worden de signalen geregistreerd?
   - Zijn er afspraken over de feedback gemaakt?

4 *Zijn er voldoende competente medewerkers in de instelling om te signaleren?*
   - Is er een 'signaleringsattitude'?
   - Is er voldoende kennis en vaardigheid om de verschillende stappen te kunnen uitvoeren?
   - Zijn er voldoende onderzoekskennis en -vaardigheden in huis voor het goed onderzoeken van een signaal?

Checklist Analysevragen en beslissingscriteria

te gebruiken bij stap 2

Analysevragen ('4×W+H'-formule)

Wat is het signaal?
Op welke sociale omstandigheden heeft het signaal betrekking? Gaat het om de financiële situatie van een groep burgers, om hun gezondheid, of is hun veiligheid in het geding? Is er sprake van een probleem, sociale misstanden, leemtes of een hiaat in beleid? Of gaat het juist om een onbenutte kans?

Wie is betrokken bij het signaal?
Over wie gaat het signaal? Wie zijn de betrokkenen of de belanghebbenden?

Wanneer is het begonnen?
Wanneer is het signaal voor het eerst opgevangen?

Waar speelt het signaal?
In welk gebied speelt het signaal (dit varieert van een portiek tot een regio, maar ook bijvoorbeeld van een schoolklas tot alle sportclubs)?

Hoe is het signaal ontstaan?
Wat is de geschiedenis, de aanleiding of de oorzaak van de gesignaleerde kwestie? Hoe is het zo gekomen?

Beslissingscriteria

Signaalrelevantie
Sluit actie in deze richting aan bij de speerpunten in het huidige beleid, of betreft het cliënten of doelgroepen van de instelling?

Signaalfrequentie
Is de frequentie waarmee het signaal opgemerkt wordt reden om het signaal verder te onderzoeken of aan te pakken?

Signaalernst
Is het signaal dusdanig ernstig of belangrijk dat het op korte termijn aandacht verdient?

Signaalspecificiteit
Is het signaal zo concreet dat er meteen actie ondernomen kan worden? (Stap 3 en 4 eventueel overslaan.)

Uitvoerbaarheid van de analyse
Vraagt het signaal om een uitgebreide analyse of is het nu al voldoende duidelijk wat de oorzaak en de oplossing zijn?

Checklist Uitgebreide analyse

te gebruiken bij stap 3

Wanneer de instelling of het netwerk besloten heeft een wellicht complex signaal nader te onderzoeken, is het nodig dieper te graven dan in stap 2 is gebeurd. Het is de bedoeling dat de analysefase leidt tot een notitie waarin de uitkomsten van het onderzoek worden beschreven en waarin aanbevelingen voor de te ondernemen actie worden gedaan.

1 *Probleemformulering*
Brainstorm over de problematiek of de doelgroep waarover u signalen hebt opgevangen en naar aanleiding waarvan u mogelijk actie wilt ondernemen. Beschrijf zo goed mogelijk het probleem en de context. Hiervoor biedt de '4×W+H'-formule een goed houvast.

2 *Instrumenten voor probleemanalyse*
Voor de probleemanalyse kunnen verschillende technieken en methoden ingezet worden. Het combineren en wegen van de verkregen informatie leidt tot beslissingen over het al dan niet ondernemen van gerichte actie.

2a *Bronnen binnen de organisatie raadplegen*
Overleg in teamverband: sociaal werkers discussiëren in teamverband over de gesignaleerde problematiek. Eventueel kan een en ander ook aan de orde gesteld worden door het houden van een schriftelijke enquête onder de maatschappelijk werkers. Binnen de instelling kan er verder nog gekeken worden naar bijvoorbeeld registratiegegevens of cliëntendossiers.

Ook kan er gericht gesignaleerd worden, bijvoorbeeld door een stafmedewerker tijdens intake- en werkbesprekingen. Op deze manier kunnen minder duidelijke signalen alsnog boven tafel komen.

2b *Bronnen buiten de organisatie raadplegen*
Eén functionaris of een werkgroep krijgt de opdracht meer feiten te verzamelen om het probleem verder uit te zoeken. De functionaris of werkgroep selecteert activiteiten (signaleringstechnieken) om meer informatie te verzamelen (Arends & Hosman, 1991):
- (groeps)gesprekken met een aantal externe contacten (bijvoorbeeld mensen in instellingen naar wie veel verwezen wordt);
- 'home-team'-besprekingen met collega-hulpverleners uit de eerste lijn;
- interviews met sleutelfiguren binnen en buiten de instelling;
- het aanbieden van een vorm van cliënten- of bewonersraadpleging;
- het bijhouden van demografische ontwikkelingen;

- literatuuronderzoek;
- bijhouden van de informatie in de media, zoals vaktijdschriften, kranten en televisie;
- bestuderen van beleidsplannen en jaarlijkse verslagen van gemeenten en andere instellingen (denk aan registratiecijfers, kengetallen en streefgetallen).

2c *Mogelijkheden voor nadere actie*
Naast het verzamelen van informatie over de betekenissen van het signaal is het ook nodig om in de probleemanalyse te bedenken welke mogelijkheden er zijn voor nadere actie. Belangrijke vragen in dit verband zijn:
- Herkennen werkers/staf/management het probleem? Hoe komen ze het tegen? Hoe vaak komen ze het tegen? Klopt de omschrijving van de context, of is het een breder/smaller probleem?
- Is het nodig om actie te ondernemen? Is sociaal werk de geëigende instantie? Zo niet, welke instantie wel? Waarom is het al dan niet nodig actie te ondernemen?
- Wat is het doel van de actie? Wat moet er bereikt worden? Wat moet er voorkomen worden of beter gaan? Wat moet zich minder voordoen (of juist meer)? Wat moeten deelnemers meer of beter kunnen dan voorheen? Wat is de winst die geboekt wordt? Worden mensen 'er beter van'?
- Wie kan helpen bij het oplossen van het probleem? Welke beroepsbeoefenaren, hulpverleners en instellingen hebben nog meer met het probleem te maken en wie houden zich er al (preventief) mee bezig? Het gaat hier om een verkenning van toekomstige samenwerking en/of netwerkontwikkeling.
- Wat moet het sociaal werk doen?

Wanneer het probleem voldoende is uitgediept, er zicht is gekomen op mogelijke oplossingen, en er een analyseschets is opgesteld, gaat u verder met stap 4 van de procedure. Wanneer er een besluit is genomen over de wenselijkheid en de haalbaarheid van de actie, wordt de actie voorbereid, waarna met stap 5 kan worden begonnen.

Checklist Beslissingscriteria

te gebruiken bij stap 4

Signaalrelevantie
Sluit actie in deze richting aan bij de speerpunten in het huidige beleid, of betreft het cliënten of doelgroepen van de instelling?

Signaalfrequentie
Is de frequentie waarmee het signaal opgemerkt wordt reden om het signaal verder te onderzoeken of aan te pakken?

Signaalernst
Is het signaal dusdanig ernstig of belangrijk dat het op korte termijn aandacht verdient?

Signaalspecificiteit
Is het signaal zo concreet dat er meteen actie ondernomen kan worden?

Effectiviteit
Wat zijn de verandermogelijkheden?
Is er voldoende (wetenschappelijke/ervarings)kennis voorhanden om resultaat te boeken?
Hoe is de bereikbaarheid van de doelgroep (eventueel de intermediairs)?
Wat is de motivatie en de bereidheid van de doelgroep?

Haalbaarheid
Wegen de kosten (tijdsinvestering, geld, negatieve bijeffecten) op tegen de baten (aansluiting op de behoefte, te verwachten effect, maatschappelijk bereik, positieve neveneffecten)?

Draagvlak
Hoe zit het met de eigen deskundigheid en affiniteit?
Hoe is de motivatie en de bereidheid van de medewerkers en samenwerkingspartners?

Literatuur

Arends, L. & Hosman, C.M.H. (1991). *Beleidsgerichte signalering en preventieve AGGZ.* Utrecht: Landelijk Centrum GVO.
Bryman, A. (2008). *Social research methods.* Oxford: Oxford University Press.
Dam, C. van & Vlaar, P. (2010). *Handreiking Professioneel Ondersteunen. Kwaliteitskenmerken van dienstverlening in de Wmo – Versie 2.0.* Utrecht: MOVISIE.
Ewijk, H. van (2010). *Maatschappelijk werk in een sociaal gevoelige tijd.* Amsterdam: SWP.
Engbersen, G.B.M. (1987). Signalen uit de samenleving. Over moderne armoede en de onverantwoordelijke samenleving. In: C.J.M. Schuyt e.a. (red.), *Vraag en antwoord. Over regelgeving en raadsliedenwerk.* Alphen aan den Rijn: Samsom H.D. Tjeenk Willink, p. 57-70.
Engbersen, R., Sprinkhuizen, A., Uyterlinde, M. & Lub, V. (2008). *Tussen zelfsturing en paternalisme. Inhoud geven aan empowerment in achterstandswijken.* Utrecht: MOVISIE.
Gerrits, F. & Vlaar, P. (2010). *Competentieprofiel opbouwwerker.* Utrecht: MOVISIE.
Hoijtink, M. (2008). Bemoeien: de gedoogstatus voorbij. In: *Maatwerk, vakblad voor maatschappelijk werk,* 15(2), p. 4-9. Houten: Bohn Stafleu van Loghum.
Jagt, N. (2006). *Beroepsprofiel van de maatschappelijk werker.* Utrecht: Nederlandse Vereniging van Maatschappelijk Werkers.
Jacobs, G. (2001). *De paradox van kracht en kwetsbaarheid. Empowerment in feministische hulpverlening en humanistisch raadswerk.* Amsterdam: SWP.
Jacobs, G., Meij, R., Tenwolde, H. & Zomer, Y. (red.) (2008). *Goed werk. Verkenningen van normatieve professionalisering.* Amsterdam: SWP.
Jehoel-Gijsbers, G. (2004). *Sociale uitsluiting in Nederland.* Den Haag: SCP.
Lans, J. van der (2010). *Eropaf! De nieuwe start van het sociaal werk.* Amsterdam: Augustus.
Liefhebber, S. (2006). *Sociaal raadsman / sociaal dienstverlener. Tot je recht kunnen komen.* Utrecht: NIZW.
Linders, L. (2010). *De betekenis van nabijheid. Een onderzoek naar informele zorg in een volksbuurt.* Den Haag: Sdu Uitgevers.
LOO SPH (2009). *De creatieve professional. Met afstand het meest nabij.* Amsterdam: SWP.
LSOR/MOgroep (2005). *Sociaal Raadsliedenwerk 2005. Visiedocument.* Utrecht: LSOR/MOgroep.
Migchelbrink, F. (2010). *Praktijkgericht onderzoek in zorg en welzijn.* Amsterdam: SWP.
Ministerie van Volksgezondheid, Welzijn en Sport (2010). *Brochure Welzijn Nieuwe Stijl.* Den Haag: Ministerie van Volksgezondheid, Welzijn en Sport.
Moerman, A. (1999). *Opgelet! Opgezet! Invoeringswijzer systematisch signaleren.* Utrecht: NIZW.
MOgroep (2012). *Actieprogramma Professionalisering. Welzijn en Maatschappelijke Dienstverlening.* Utrecht: Mogroep.

NVMW (2010). *Beroepscode Maatschappelijk Werker*. Utrecht: NVMW.

Projectgroep Dichterbij (2012). *DichtErBij. Naar een andere inrichting van de startfase van hulp- en dienstverlening in het sociaal werk* (reader bij de pilotfase RAAK DichtErBij – September 2012 – maart 2013). Haarlem/Bussum: Lectoraat Maatschappelijk Werk Hogeschool Inholland/Uitgeverij Coutinho.

Regenmortel, T. van (2008). *Zwanger van empowerment. Een uitdagend kader voor sociale inclusie en moderne zorg* (oratie). Eindhoven: Fontys Hogescholen.

Regenmortel, T. van (2011). *Lexicon van empowerment*. Utrecht: Marie Kamphuis Stichting.

Riet, N. van (1994). Signalering, essentie van en voor het maatschappelijk werk. In: E. Behrend (red.), *Handboek maatschappelijk werk*. Houten: Bohn Stafleu van Loghum, p. B1400-1 t/m B1400-27.

Ruiter, M., Bohlmeijer, E. & Blekman, J. (2005). *Derde gids Preventie van psychische stoornissen en verslavingen. Thema openbare geestelijke gezondheidszorg*. Utrecht: Trimbos-instituut.

Scholte, M. & Splunteren, P. van (1996). *Opgelet! Systematisch signaleren in de praktijk*. Utrecht: NIZW.

Scholte, M. & Vlaar, P. (2005). *Maatschappelijk werker. Profiel voor de beroepenstructuur zorg en welzijn 2005*. Utrecht: NIZW.

Scholte, M. (2010). *Oude waarden in nieuwe tijden. Over de kracht van maatschappelijk werk in de 21^e eeuw*. Haarlem/Utrecht: Hogeschool Inholland/MOVISIE.

Scholte, M. & Sprinkhuizen, A. (2010). *Samen in de buurt. Perspectieven voor bundeling van wijkmaatschappelijk werk en opbouwwerk aan de hand van casusreconstructies in de krachtwijken van Eindhoven*. Haarlem: Hogeschool Inholland, lectoraat maatschappelijk werk.

Scholte, M., Sprinkhuizen, A. & Zuithof, M. (2012). *De generalist. De sociale professional aan de basis*. Houten: Bohn Stafleu van Loghum.

Sluiter, S., Zijderveld, M. van & Traas, M. (1997). *Signalering in het maatschappelijk werk*. Houten: Bohn Stafleu van Loghum.

Sprinkhuizen, A. & Scholte, M. (red.) (2012). *De sociale kwestie hervat. De Wmo en sociaal werk in transitie*. Houten: Bohn Stafleu van Loghum.

Register

4×W+H-formule 45-46, 50, 55, 96

aanklagen 60-61, 62-63
aanpassen van bestaand aanbod 58
actie ondernemen 41, 57-63, 67, 83, 85-86
- om andere organisatie aan te sporen 60-63
- vanuit eigen organisatie 57-58
- vanuit samenwerkingsverband 59-60

actietypen 56-57
actieve burgers 42
alertheid 42, 77
Algemene Wet Bijzondere Ziektekosten (AWBZ) 12
analyseren 41, 50-55, 67, 83, 85
analyseschets opstellen 50, 55
attenderen 60-62
attitude 77, 80-81

bekritiseren 60-61, 62
beleid bijstellen 58
beleidsleemtes 31, 32, 34
beleidsnota's 78
beroepscode 31
beroepsprofiel 21-23, 31
beslismodel 32
beslismoment 45, 56
beslissen 41, 45-49, 55-57, 67, 83, 84-85
bestaande contacten 19-20
bijscholing 58, 59, 80-81
bronnen 40, 50, 52, 98-99
burgers met gemeenschappelijk kenmerk 34

capaciteiten herkennen 12-13
checklist 50
- analysevragen en beslissingscriteria 96-97
- beslissingscriteria 100

- organisatie 95
- uitgebreide analyse 98-99

civil society 36, 42, 64-65
cliëntcontacten 40
collectieve aanpakken 14
collectiveren 17, 26, 30, 36-37
competentieprofiel 21-23
competenties 81-82
controle 15, 16, 36
cyclisch proces 29, 83

deskundigheid 80-82, 84
dialooggestuurd werken 13
doelgroep 12-13
dossieronderzoek 51
draagkracht 15, 16
draaglast 16
draagvlak 57, 69, 73

effectiviteit 56, 85
eigen kracht 13, 15, 16, 18, 56, 65
eigen organisatie onderzoeken 50
eigenmachtig worden 15
empowerment 15-17, 36
enquête 54-55, 64
evalueren 41, 63-64, 67, 83, 86
- op effectniveau 63-64
- op procesniveau 63-64

evidencebased werken 14

feedback geven 63-64, 67, 86
focusgroepen 53-54
formatie 79

gebiedsgericht werken 14, 20-21
gemeenschappelijk kenmerk 34
gemeentelijk beleid 27, 79

Opgelet!

gemene deler zoeken 45-46
ggz-preventie 18
globale screening 44
groepsinterview 53-54, 64

haalbaarheid 56
hiaten in beleid 31, 32, 34
horizontale verantwoording 26
hulpbronnen 12, 17, 33, 47
hulpverlenend handelen 16, 20

identiteit 34
individueel interview 53
informatie verzamelen 50
instellingsbeleid 27
integraal werken 14
interactieve informatieavond 63
interview 53-54, 64
invloed verwerven 17

kernkwaliteiten 12-13
kerntaak 17, 22, 25, 44
ketenpartners 20-21, 64-65
kracht 13, 15, 16, 18, 56, 65
kritisch bewustzijn 15
kwetsbare burgers 12-13, 16, 33, 35, 36, 65-66

literatuuronderzoek 51-52
locatie 42

maatschappelijke weerbaarheid 15
macht 15, 16, 17
macroniveau 17, 23, 24, 25, 26, 29, 30
menskracht 56, 59, 79, 84
mesoniveau 17, 20, 21, 23, 24, 25, 26, 29, 30
microniveau 16, 20, 21, 24, 29-30, 36
motivatie 40, 43, 65, 75, 82

Nederlands Instituut voor Zorg en Welzijn (NIZW) 25
Nederlandse Vereniging van Maatschappelijk Werkers (NVMW) 22, 31
netwerken 14, 16, 42, 78, 79

onbenutte kansen en mogelijkheden 32, 34
ondersteuning 11, 13, 14, 19, 25, 29, 62, 73, 83
ontwikkelen van nieuw aanbod 58
organisatie 79-80
overheidsbeleid 24, 30
overleg 44

participatie 15, 16
participatief preventieproject 59-60
participatiesamenleving 9, 12
periodieke rapportage 42, 44-45
power from within 16
power to 17
power with 16
praktijkonderzoek 52-53
present zijn 14, 20
preventie 17-19, 22
preventieproject 56, 59-60, 61
probleemanalyse 98-99
probleemformulering 98
problemen 31
professiegebonden taak 11, 18, 21-24, 25, 83
professionele ruimte 15
professionele veld 36, 57, 64, 85

reflectief vermogen 14
registratiesysteem 44, 45, 51, 53, 71, 80
resultaatgericht werken 14
risicofactoren opsporen 17-19

samenredzaamheid 13
samenwerking verbeteren 59
samenwerkingsverbanden 26, 36, 43
screening van registratiegegevens 50-51
signaal uitdiepen 50
signaalernst 48, 56
signaalfrequentie 47-48, 56
signaalrelevantie 46-47, 56
signaalspecificiteit 48, 56
signalen 40-45, 67, 83, 84
- betekenis geven 83
- in kaart brengen 43-45

Register

- opvangen 40-43, 83
- verzamelen 40-45, 67, 83, 84

signaleren *passim*
- als aanvulling op hulpverlening 18, 19-21
- als eerste fase van preventie 17-19
- als professiegebonden taak 11, 18, 21-24, 25, 83
- beleid 77-79, 83
- belemmeringen 24-27
- beslismodel 32
- bij wie? 33-34, 37
- cyclisch proces 29, 83
- deskundigheid 80-82, 84
- drie invalshoeken 17-24
- gericht op verbetering 83
- menskracht 79, 84
- met wie? 36-37
- op macroniveau 17, 23, 24, 25, 26, 29, 30
- op mesoniveau 17, 20, 21, 23, 24, 25, 26, 29, 30
- op microniveau 16, 20, 21, 24, 29-30, 36
- organisatie 79-80, 84
- stimuleren 77
- succes vieren 82
- systematisch 39-40
- waar? 34-35, 37
- wat? 30-32, 37
- wie wanneer betrekken? 64-65

signaleringsattitude 80-81
signaleringsconvenant 78-79
signaleringsformulier 10, 43-44, 50, 84
signaleringsprocedure 39, 40-64, 83
- actie ondernemen 41, 57-63, 67, 83, 85-86
- analyseren 41, 50-55, 67, 83, 85
- beslissen 41, 45-49, 55-57, 67, 83, 84-85
- evalueren 41, 63-64, 67, 83, 86
- stappen 40-64, 83
- stroomschema 41
- verzamelen 40-45, 67, 83, 84

sociaal raadslieden 20, 22, 25, 60
sociaal werk 10, 11-15
- doelgroep 12-13

- tweeledige opdracht 11-12
- vernieuwing 11-15

sociale bril 35
sociale kaart 55
sociale media 42, 63
sociale misstanden 31-32, 34
sociale netwerken 12, 13, 14, 16, 55, 73
sociale omstandigheden 30, 35
sociale werkplaatsen 12
succes vieren 82

uitvoerbaarheid van de analyse 49, 56

vastleggen in beleidsnota's 78
verbinden 13
vergaderingen 42
vernieuwing sociaal werk 11-15
versterkingsproces 15
vervolgstap kiezen 46-49
verzorgingsstaat 9, 12
visie bijstellen 58
vraaggericht werken 13

Welzijn Nieuwe Stijl (WNS) 13-15, 16
- acht bakens 13-15, 16

werkgebied 35
wet- en regelgeving 11, 18, 52
Wet maatschappelijke ontwikkeling (Wmo) 11, 21, 26, 62, 79, 81

zelfredzaamheid 11, 12, 13, 72
zelfsturing 15

Over de auteurs

Margot Scholte werkt bij MOVISIE als senior projectleider en is van daaruit gedetacheerd bij Hogeschool Inholland als lector maarschappelijk werk. Vanaf het begin van haar carrière heeft ze zich beziggehouden met eerstelijns hulp- en dienstverlening. In de loop der tijd heeft ze verschillende methoden ontwikkeld voor het maatschappelijk werk. De laatste jaren publiceert ze veel over de huidige maatschappelijke opdracht van sociaal werk en de daarbij passende professionaliteit.

Hanneke Felten heeft Maatschappelijk Werk en Dienstverlening gestudeerd aan de Fontys Hogeschool en Genderstudies aan de Universiteit van Utrecht. Zij werkt als projectleider bij MOVISIE en houdt zich daar bezig met onderzoek en interventie- en methodeontwikkeling op het brede terrein van emancipatie en inclusie. Tevens is zij trainer op het gebied van interculturalisatie en de aanpak van eergerelateerd geweld.

Ard Sprinkhuizen is senior onderzoeker bij MOVISIE en van daaruit gedetacheerd bij Hogeschool Inholland als associate lector maatschappelijk werk. Vanaf de jaren negentig doet hij onderzoek naar vraagstukken rond lokaal sociaal beleid en publiceert hij hierover. De focus ligt de laatste jaren op substitutievraagstukken tussen individuele hulpverlening en collectieve arrangementen, zowel beleidsmatig als in de professionele handelingspraktijken.